Windows 10
für Umsteiger

So wechseln Sie stressfrei aufs neue System

Tipps für Alltag, Sicherheit und Datenschutz

Steffen Haubner, Gernot Schönfeldinger

Windows 10 für Umsteiger

Impressum

Herausgeber
Verein für Konsumenteninformation (VKI), Linke Wienzeile 18, 1060 Wien
ZVR-Zahl 389759993
Tel. 01 588 77-0, Fax 01 588 77-73, E-Mail: konsument@vki.at
www.vki.at I www.konsument.at

Geschäftsführung
Dr. Josef Kubitschek
Mag. Dr. Rainer Spenger

Autoren
Steffen Haubner
Mag. Gernot Schönfeldinger

Produktion
Günter Hoy

Foto Umschlag
Angelika Smile/Shutterstock.com
RoSonic/Shutterstock.com

Fotos Textteil
VKI (wenn nicht anders angegeben)

Druck
Holzhausen Druck GmbH,
2120 Wolkersdorf

Bestellungen
KONSUMENT Kundenservice
Mariahilfer Straße 81, 1060 Wien
Tel. 01 588 774, Fax 01 588 77-72
E-Mail: kundenservice@konsument.at

Printed in Austria

Wir sind bemüht, so weit wie möglich geschlechtsneutrale Formulierungen zu verwenden. Wo uns dies nicht gelingt, gelten die entsprechenden Begriffe im Sinne der Gleichbehandlung grundsätzlich für beide Geschlechter.

Bibliografische Information der Deutschen Nationalbibliothek
Die Deutsche Nationalbibliothek verzeichnet diese Publikation in der Deutschen Nationalbibliografie; detaillierte bibliografische Daten sind im Internet über http://dnb.d-nb.de abrufbar.

Verein für
Konsumenteninformation
ISBN 978-3-99013-090-2

€ 19,90

Zu diesem Buch

Windows 10 ist nun schon eine ganze Weile auf dem Markt, doch viele Nutzer zögerten bislang, sich von ihrer bewährten Windows-Version zu trennen. Die Gründe dafür sind vielfältig, doch einer davon liegt sicher darin, dass das neue Windows anfangs noch mit Kinderkrankheiten zu kämpfen hatte. Auch jetzt ist Windows 10 noch weit davon entfernt, perfekt und fehlerfrei zu sein. Insbesondere die regelmäßigen Updates machen mitunter Probleme, die in diesem Buch natürlich auch zur Sprache kommen. Die Gründe für einen Umstieg – Sicherheitsüberlegungen, Unterstützung durch den Hersteller, viele sinnvolle neue Funktionen, um nur drei zu nennen – überwiegen aus unserer Sicht aber deutlich.

Vermutlich haben Sie dieses Buch zur Hand genommen, weil Sie sich zum Umstieg entschlossen haben oder noch eine Entscheidungshilfe brauchen. Oder Sie haben sich einen Windows-10-PC gekauft und möchten schnell und unkompliziert wissen, was sich im Vergleich zu den Vorgängerversionen geändert hat. Unsere Tipps richten sich primär an Nutzer, die mit Windows schon etwas vertrauter sind, die Möglichkeiten des Betriebssystems aber besser ausnutzen möchten. Doch auch Einsteiger sollen fündig werden, weshalb kein Vorwissen vorausgesetzt wird. Besonderes Augenmerk haben wir auf die Bereiche Datenschutz und Sicherheit gelegt, da wir der Auffassung sind, dass das beste Betriebssystem nicht viel wert ist, wenn es keine sichere Arbeitsumgebung bietet. Und auch die Aspekte Umstieg, Installation, Updates, Backups und Medienverwaltung kommen neben vielen anderen zur Sprache.

Windows 10 ist ein sich ständig selbst erneuerndes System, sodass sich mitunter Änderungen ergeben, die wir beim Verfassen dieses Buches nicht voraussehen konnten. Wir haben uns jedoch bemüht, die aktuellsten Informationen zusammenzutragen, und sind davon überzeugt, dass unser Buch Ihnen dauerhaft eine solide Wissengrundlage geben wird, auf der Sie aufbauen und Ihren täglichen Umgang mit Windows 10 ökonomischer gestalten können, um Ihre Ziele, seien sie nun beruflicher oder privater Natur, schneller zu erreichen.

Ihr KONSUMENT-Team

Liebe Leser!

Inhalt

Inhalt

Unendliche Updates

Das neue Prinzip „Software as a Service", das Windows 10 immer aktuell hält, bringt letztlich mehr Vor- als Nachteile.

Software as a Service

Auf Windows 7 folgte Windows 8. Doch dann übersprang Microsoft eine Zahl. Denn eigentlich hätte logischerweise Windows 9 die nächste Station sein müssen. Der Name des 2015 erschienenen Betriebssystems lautete jedoch überraschenderweise: Windows 10. Nach offizieller Lesart soll damit zum Ausdruck gebracht werden, dass die Nutzer eine völlig neue Windows-Generation erwartet. Es gibt aber auch andere Theorien. So trug Apples PC-Betriebssystem macOS zum Veröffentlichungszeitpunkt bereits die Nummer 10, was die Marketingstrategen in Redmond zu der überraschenden Namensgebung veranlasst haben könnte. Es gab aber auch noch andere Überraschungen. So war das Upgrade auf Windows 10 für einen begrenzten Zeitraum kostenlos. Zudem kündigte Microsoft an, dass Windows 10 die letzte Version sein wird, die veröffentlicht wird.

Ein Windows 11 wird es also aller Voraussicht nach ebenfalls nicht geben. Mit Windows 10 führte Microsoft nämlich das Prinzip „Software as a Service" ein. Der englische Begriff bedeutet, dass Windows in regelmäßigen Abständen aktualisiert und mit neuen Funktionen ausgestattet wird. Wer einmal umgestiegen ist, wird automatisch auf dem neuesten Stand gehalten. Gemeint sind damit nicht die „kumulativen Updates", das heißt solche, die vor allem Sicherheitslöcher stopfen und Fehler beheben, sondern vor allem die zweimal im Jahr durchgeführten „Funktionsupdates". Die heißen dann beispielsweise „Herbst-Update" („Fall Update") oder „Creators Update", bezeichnen also entweder den Zeitpunkt oder bekennen den Hauptfokus der funktionellen Erweiterungen. Diese Aktualisierungen können beschleunigt oder verzögert, aber nicht umgangen werden (siehe ► Seite 165ff).

Updates, die nach Jahreszeiten benannt sind, müssen aber nicht zwangsläufig auch in dem genannten Zeitraum durchgeführt werden. Größere Updates werden von Microsoft nach und nach „ausgerollt", also veröffentlicht. Das geschieht aus Sicherheitsgründen.

Stellt sich etwa heraus, dass ein überdurchschnittlich großer Teil der Nutzer Probleme mit einem Update hat, wird der Vorgang vorübergehend angehalten, um Ursachenforschung zu betreiben und eventuelle Fehler zu beheben.

2017/18 gab es das „Creators Update". Wie es der Name nahelegt, sollten damit vor allem die kreativen Möglichkeiten wachsen. So kann man seitdem 3D-Grafiken ohne zusätzliche Software erstellen, bearbeiten und teilen. Bekannte Programme wie Paint oder Power Point wurden entsprechend erweitert. 3D-Objekte lassen sich auf gewöhnlichen Bildschirmen mit der Maus drehen oder auf einem angeschlossenen 3D-Drucker ausdrucken. „Mixed Reality" heißt eine Technologie, bei der man mithilfe spezieller Brillen Informationen und Grafiken in das natürliche Sichtfeld einblenden kann. Gamern, also den Fans von Computerspielen, bietet Windows 10 die Möglichkeit, selbst erstellte Videos anderen leichter zugänglich zu machen oder ihre Aktivitäten direkt zu übertragen („streamen"). Zuschauer können aktiv in das Geschehen eingreifen und mit den Spielern direkt in Verbindung treten. Außerdem soll aus der vorhandenen Hardware mehr Leistung herausgekitzelt werden. In den „Einstellungen" im Bereich „Spielen" kann man zu diesem Zweck den neuen Spielmodus aktivieren.

Neuerungen, mehr Sicherheit, transparenterer Datenschutz

Bei der Installation von Windows wählt ein großer Teil der Nutzer – sei es aus Bequemlichkeit oder aus Unkenntnis – die „Express-Einstellungen" aus. Danach hatte man bislang wenig Möglichkeiten zu überprüfen, auf welche Daten Microsoft zugreifen kann. Inzwischen hat man unter „Einstellungen" und „Datenschutz" die meisten Privatsphäreneinstellungen auf einen Blick und kann sie nachträglich anpassen (siehe ► Seite 57ff). In der „Karten-App" gibt es eine integrierte Navigationssoftware mit aktuellen Verkehrsinfos, der „Edge"-Browser zeigt eBooks im gängigen ePub-Format an und liest sie auf Wunsch sogar vor.

Das Schutzprogramm „Windows Defender Antivirus" (siehe ► Seite 185ff) soll den Nutzern eine direktere Kontrolle über die Einstellungen geben. Ob man trotz dieses „eingebauten" Schutzes eine zusätzliche Sicherheitssoftware verwenden möchte, ist Geschmackssache. Entscheidet man sich dafür, tritt der Windows Defender automatisch in den Hintergrund. Aktiviert wird die „Windows-Sicherheit" in den „Einstellungen" im Bereich „Update und Sicherheit". An gleichem Ort sind die Jugendschutz- und Familieneinstellungen zu finden. Außerdem kann dort auch die Systemleistung eigenhändig optimiert werden.

Motivationen, sich auf eine Runderneuerung des Betriebssystems einzulassen, werden jedenfalls jede Menge geboten. Wer 3D-Design und Mixed Reality für verzichtbaren technischen Schnickschnack hält, ist auf dem Holzweg. Microsoft stellt damit die Weichen Richtung Zukunft und sorgt dafür, dass Windows für Technologien gerüstet ist, die in ein paar Jahren nicht mehr wegzudenken sein werden. Hinzu kommen unzählige Verbesserungen im Detail sowie die Beseitigung einer ganzen Reihe von Fehlern und Ungereimtheiten, die bislang genervt haben. So wandern die meisten Optionen der bisherigen „Systemsteuerung" in die „Einstellungen", damit man nicht ständig an zwei Orten suchen muss. Und unter „Personalisierung" kann man Windows so individuell gestalten wie nie zuvor (siehe ► Seite 113ff).

Es lohnt sich – zum Beispiel durch die Lektüre dieses Buches – etwas tiefer in die Möglichkeiten von Windows einzutauchen. Denn im Grunde kann sich damit jeder die Arbeitsoberfläche schaffen, die ihm am meisten entgegenkommt.

Warum Sie jetzt umsteigen sollten

Die Unterstützung für ältere Windows-Versionen läuft nach und nach aus. Der Support für Windows 7 endet am 14. Jänner 2020, Windows 8.1 wird ab 10. Jänner 2023 nicht mehr mit Sicherheitsupdates versorgt. Einfach mit dem zehn Jahre alten Betriebsystem weiterzuarbeiten, ist keine Option. Das Risiko, sich einen Schädling einzufangen, die persönlichen Daten preiszugeben oder ungewollt einen Virus weiterzuverbreiten ist einfach zu groß. Wer sich trotzdem nicht von seinem alten Gerät trennen kann, sollte alle Verbindungen zum Internet und zu lokalen Netzwerken kappen. Das kann etwa sinnvoll sein, wenn Sie mit dem Gerät lediglich alte Spiele spielen wollen, die keine Internetverbindung brauchen. Oder weil Sie ein bewährtes Programm, von dem Sie befürchten, dass es unter Windows 10 nicht mehr laufen könnte, weiterverwenden möchten. Sie könnten beispielsweise Fotos über eine Speicherkarte importieren, mit einer in die Jahre gekommenen Version von Corel Draw bearbeiten und danach ausdrucken oder auf eine CD brennen. Von solchen Ausnahmen abgesehen, spricht doch eine Menge dafür, mit einem zukunftsfähigen PC zu arbeiten.

Windows 10 bietet nicht nur jede Menge neue Funktionen (siehe ► Seite 127ff), die ständig erweitert werden (siehe ► Seite 165ff), sondern wird – zumindest absehbar – auch nicht von einer neueren Windows-Version abgelöst werden (siehe ► Seite 11). Ein gewichtiges Argument ist auch die Sicherheit. Denn Windows 10 wird von Microsoft ständig mit Sicherheits-Updates versorgt (siehe ► Seite 182) und bringt zudem Virenscanner und Firewall gleich mit (siehe ► Seite 185ff).

Wer zuvor eine sorgfältige Datensicherung durchführt (siehe ► Seite 193ff), muss sich vor diesem Schritt nicht fürchten. In den nächsten beiden Kapitel erfahren Sie alles, was Sie für den Umstieg wissen müssen. Auch falls Sie sich für einen neuen PC mit vorinstalliertem Windows 10 entscheiden, finden Sie ab ► Seite 57 vielfältige Informationen.

Was spricht dagegen?

Dass sich Windows 10 regelmäßig selbst erneuert, sehen manche als Nachteil. Denn mit den Auto-Updates erhält man die Neuerungen auch dann, wenn man sie gar nicht haben will. Zudem birgt diese Praxis die Gefahr, dass es hinterher irgendwo hakt oder das Update zu einem ungünstigen Zeitpunkt durchgeführt wird. In der Vergangenheit gab es allerdings auch immer wieder Probleme mit nicht aktualisierten Geräten und veralteten Treibern. Um dem zu begegnen, „zwingt" Microsoft Nutzer nun dazu, indem das Betriebssystem automatisch erneuert wird. Immerhin kann man sich innerhalb bestimmter Grenzen darauf vorbereiten, um Fehler zu verhindern (siehe ► Seite 170f), die Updates zeitlich steuern (siehe ► Seite 173ff) oder bei Problemen rückgängig machen (siehe ► Seite 45).

Eine gewisse Umgewöhnungsphase ist bei einem Umstieg zudem unvermeidlich. Die Unterschiede werden vor allem Windows-7-Nutzern auffallen. Dass alle älteren Programme und Peripheriegeräte unter Windows 10 laufen, ist ebenfalls nicht garantiert. Im Zweifel sollte man sich auf der Internetseite des jeweiligen Herstellers kundig machen. Eine Sicherung persönlicher Daten vor dem Upgrade ist dringend anzuraten (siehe ► Seite 193ff). Und schließlich sollten Sie unbedingt überprüfen, ob Ihre Hardware auch für den Einsatz von Windows 10 gerüstet ist (siehe ► Seite 19ff).

Immer wieder hört man zudem, dass Windows 10 mehr persönliche Daten erfasst und an Microsoft weitergibt als jemals zuvor. Das kann man durchaus so sehen, muss dann jedoch auch eingestehen, dass der Datenhunger von Konzernen wie Microsoft, Apple und Google in den vergangenen Jahren insgesamt drastisch zugenommen hat. Manche Anwendungen – nehmen Sie nur digitale Assistenten wie Cortana (siehe ► Seite 70) – erfordern das auch, um sinnvoll arbeiten zu können. Das soll die Praxis keineswegs rechtfertigen, sondern deutlich machen, dass kein Nutzer heute mehr darum herumkommt, sich selbst aktiv um den Schutz seiner privaten Informationen zu kümmern. Im vorliegenden Buch finden Sie die wichtigsten Informationen, die Sie dazu benötigen (siehe ▶ Seite 57ff).

Fazit. Windows 10 ist unserer Ansicht nach wesentlich besser als sein Ruf. Die Alternativen sind zudem rar. Linux ist noch immer kein Betriebssystem für die breite Masse der Anwender, die sich so wenig wie möglich mit der dahinterstehenden Technik auseinandersetzen möchten und keine Lust haben, sich ständig mit Kompatibilitätsproblemen herumzuärgern. Ein Apple-PC mit macOS als Betriebssystem läuft nur auf der – nicht eben günstigen – Hardware des Konzerns. Die Apple-Welt mag viele Vorteile bieten, sie schränkt aber auch zweifellos stark ein. Und ein Android-Tablet als Ersatz für einen echten Windows-Arbeits-PC zu nutzen, kann man wirklich niemandem ernsthaft empfehlen. Auf Dauer werden daher die meisten Nutzer nicht um Windows 10 herumkommen.

So klappt der Umstieg

Mit der richtigen Vorbereitung für das Upgrade räumen Sie viele Probleme schon im Vorfeld aus dem Weg.

Hardware-Voraussetzungen

Haben Sie vor, einen neuen Rechner mit vorinstalliertem Windows 10 zu kaufen (oder haben das bereits getan), können Sie die folgenden Abschnitte getrost überspringen. Diese Komplettsysteme sollten in aller Regel auf das Betriebssystem abgestimmt sein und die nötigen Systemvoraussetzungen erfüllen. Die von Microsoft bei der Veröffentlichung von Windows 10 genannten Spezifikationen sind allerdings mittlerweile nicht mehr ausreichend. Das liegt daran, dass das Betriebssystem durch diverse Updates inzwischen modifiziert und funktional ausgebaut wurde. Wer also hart am Wind segelt und Windows 10 auf einem PC installiert, der gerade noch so den Mindestanforderungen entspricht, der sollte daran denken, dass er irgendwann Probleme bekommen könnte. Das Phänomen, dass eine anfangs noch pfeilschnelle Hardware im Laufe der Jahre immer weiter abbaut, kennt man nicht nur von Windows und es ist auch nicht auf die PC-Welt beschränkt. Man denke etwa an Android-Geräte, die von den Herstellern nur allzu oft schon nach wenigen Jahren von Updates ausgenommen werden, weil die neue Betriebssystem-Version einfach nicht mehr rundlaufen würde. Bei Windows muss der Nutzer hingegen selbst entscheiden, ob er einen Wechsel riskieren will oder lieber gleich einen neuen Rechner kauft. Für weniger versierte Nutzer stellt dies sowie die nachfolgend beschriebene Überprüfung der Mindestvoraussetzungen natürlich eine große Herausforderung dar.

Tipp. Falls Sie nicht sicher sind, welche Spezifikationen der PC, auf dem Sie Windows 10 betreiben wollen, genau besitzt, hilft Ihnen ein Analyse-Tool wie „Dr. Hardware" (www.drhardware.de) weiter. Die Testversion ist kostenlos und reicht für diesen Zweck völlig aus.

Als Mindestvoraussetzungen für Windows 10 nennt Microsoft einen Prozessor mit 1 GHz und 2 GB Arbeitsspeicher, sowohl für die 32-Bit- als auch für die 64-Bit-Version (mehr zum Thema 32 oder 64 Bit siehe ► Seite 31). Das ist etwas tiefgestapelt. Um wirklich flüssig arbeiten zu können, sollte es schon mindestens eine Taktfrequenz von 1,6 GHz sein. Die zentrale Recheneinheit sollte zudem mindestens zweikernig sein (Dual Core).

Seit dem „Anniversary Update" 2016 liegt die offizielle Empfehlung für den Arbeitsspeicher bei 2 GB für 32- und 64-Bit-Systeme gleichermaßen. Realistisch sind für 64-Bit-Systeme aber eher 4 GB. Eine Vergrößerung des Arbeitsspeichers gehört zu den einfachsten Maßnahmen, die Systemleistung merklich zu erhöhen.

Auf der Festplatte müssen 16 GB für die 32-Bit- und 20 GB für 64-Bit-Version reserviert werden. Das Problem: Bei den Funktions-Upgrades von Windows wird automatisch eine Sicherung des alten Systems durchgeführt, die schnell einmal 20 GB Speicherplatz beanspruchen kann. Die Festplatte, die als Systemspeicher, das heißt als Windows-Partition (Laufwerk C:), dient, sollte für Windows 10 daher mindestens 64 GB, besser noch 128 GB groß sein.

Erforderlich ist außerdem eine DirectX-9.0c-fähige Grafikkarte mit mindestens WDDM 1.0-Treiberunterstützung und einer Mindestauflösung von 800 x 600 Pixeln. Zudem sollte die Karte mindestens 128 MB RAM-Speicher besitzen.

Für Installation und Betrieb muss zwingend ein Netzwerkadapter oder eine WLAN-Karte vorhanden sein, Sie müssen das Gerät also (mit oder ohne Kabel) mit dem Internet verbinden können.

Achtung! Unter Windows 7 müssen das „Service Pack 1" und alle bis Oktober 2015 erschienenen Updates installiert sein. Von Windows 8 aus klappt das Upgrade auf 10 nicht, es muss zwingend die Version 8.1 vorhanden sein. Beachten Sie dazu bitte auch den Punkt „Upgrade doch noch durchführen" im Abschnitt „Problembehandlung" auf ► Seite 47.

Weitere nützliche Informationen stellt Microsoft unter der Adresse https://www.microsoft.com/de-de/windows/windows-10-specifications bereit.

Mögliche Probleme mit alter Hardware

Zu Problemen mit älterer Hardware kommt es häufig aufgrund fehlender Treiber. Dies betrifft oft die Grafikkarte oder rührt daher, dass der Microsoft-Basic-Display-Adapter-Treiber nicht kompatibel mit der Hardware ist oder eine zu geringe Auflösung bietet. Wegen der unüberschaubaren Vielfalt von Systemen und der potenziell unendlichen Kombinierbarkeit von Systemkomponenten kann man solche Probleme leider nie ganz ausschließen. Das Windows-Installationsprogramm prüft vor der eigentlichen Installation automatisch, ob die Hardware für Windows 10 gerüstet ist und bricht den Vorgang selbsttätig ab, wenn dies nicht der Fall ist. Eine Garantie dafür, dass hinterher alles rundläuft, ist das allerdings nicht. Manche Treiber müssen Sie eventuell manuell selbst nachinstallieren (siehe ► Seite 42), auch über das mögliche Arbeitstempo sagt der Test erst einmal nichts aus. Im vorangehenden Abschnitt „Hardware-Voraussetzungen" (siehe ► Seite 19) sind wir ja bereits auf die empfohlenen Mindestanforderungen eingegangen.

Tipp. Wenn Sie sich nicht sicher sind, ob Ihre Hardware für einen störungsfreien Betrieb von Windows 10 aktuell genug ist, starten Sie zunächst das „Media Creation Tool" (kostenloser Download unter www.microsoft.com/de-de/software-download/windows10), bevor Sie tatsächlich eine Windows-Lizenz erwerben. Sonst werfen Sie das Geld unter Umständen zum Fenster hinaus. Denn wenn Sie sich ohnehin einen neuen PC kaufen, können Sie auch gleich ein Modell wählen, auf dem Windows 10 bereits vorinstalliert ist – die Lizenz bekommen Sie dann in aller Regel beim Hardwarekauf dazu.

Dafür, dass Systemkomponenten und Peripheriegeräte einwandfrei laufen, ist der jeweilige Hersteller verantwortlich. Scheuen Sie sich nicht, dessen Support zu kontaktieren und nach Lösungen zu fragen oder danach, ob Ihr Modell problemlos unter Windows 10 arbeitet.

Welche Versionen gibt es?

Windows 10 Home

Diese Version ist auf neuen Desktop-PCs, Notebooks und Tablet-PCs vorinstalliert, die sich primär an Privatanwender richten. Sie dürfte in den allermeisten Fällen für die Zwecke von Einzelnutzern ausreichen. Eines der größten Mankos ist wohl, dass man Windows-Updates in der Home-Version nicht in dem Umfang verzögern kann, wie das bei Pro, Enterprise und Education der Fall ist (mehr dazu ab ► Seite 165). Zu Preisen und Verfügbarkeit lesen Sie bitte den Abschnitt ab ► Seite 23.

Windows 10 Pro

Bietet vor allem diverse Funktionen für Geschäftsanwender im Bereich Unternehmensmanagement und Bereitstellung wie etwa die Verwaltung mobiler Geräte eines Gerätepools, die Einbindung in Domänennetzwerke oder die Festlegung von Gruppenrichtlinien. Fehlen dürfte Home-Nutzern allenfalls die in die Pro-Version integrierte BitLocker-Funktion, die eine Festplattenverschlüsselung sowie einen Sperrmodus für verlorene oder gestohlene Geräte bietet.

Pro kann wie Home regulär und ohne Legitimationsnachweise im Einzelhandel oder online erworben werden. Pro kann wie Enterprise auch über Volumenlizenzverträge von Microsoft gekauft werden.

Einen detaillierten Vergleich von Home und Pro liefert Microsoft unter der Adresse www.microsoft.com/de-de/windows/compare-windows-10-home-vs-pro

Enterprise

Diese Variante, die ansonsten der Pro-Version entspricht, steht ausschließlich Firmenkunden über jährliche Volumenlizenzverträge zur Verfügung.

Education

Richtet sich ausschließlich an Bildungseinrichtungen, Lehrer und Studenten. Sie bietet eine Reihe besonderer Funktionen und ist zu wechselnden Sonderkonditionen erhältlich, für die aber ein Nachweis – etwa ein Studentenausweis oder der Nachweis einer Lehrtätigkeit – erforderlich ist. Weitere Informationen dazu stellt Microsoft unter https://docs.microsoft.com/de-de/education/windows/ bereit.

Bezugsquellen und Preise

Der sicherste Weg ist auf jeden Fall der direkte, also ein Kauf im Microsoft-Store. Dort muss man allerdings aktuell 145 Euro für die Home Edition und sogar 259 für Windows 10 Professional ausgeben. Käufer der Downloadversion bekommen nach dem Bezahlen per Mail einen Link, über den sie die Software herunterladen können. Im Fachhandel bekommt man – ob online oder im Laden – Software und Lizenz zum offiziellen Preis. Allerdings findet man hier mit etwas Glück auch zeitlich begrenzte Sonderangebote. Die Installationsdaten werden typischerweise auf einem USB-Stick geliefert oder man erhält einfach nur einen Aktivierungsschlüssel („Product Key") in Form eines Codes.

Danach kann man das „Media Creation Tool" gratis herunterladen. Ob man dieses auf dem PC, einer externen Festplatte oder einem USB-Stick speichert, spielt keine Rolle. Da die Dateien als sogenannte ISO vorliegen, kann man sie wahlweise auch auf eine DVD brennen. Alle weiteren Schritte werden auf der Download-Seite ausführlich erklärt.

Unübersichtlichtliches Angebot

Wer nicht bereit ist, so viel Geld für das neue Windows auszugeben, muss ganz genau hinschauen. Praktisch unvermeidlich stößt man im Internet auf Preise unter 10 Euro. Ein Warnsignal, denn hier ist höchstwahrscheinlich etwas faul. Liegen die Preise im Bereich des Wahrscheinlichen, wird es extrem schwierig, seriöse von unseriösen Anbietern zu trennen. Selbst Spezialisten kommen angesichts der Unübersichtlichkeit des Angebots ins Schleudern. Aber warum sind überhaupt so viele Windows-Lizenzen auf dem Markt? Das liegt daran, dass Microsoft PC-Hersteller und Servicepartner mit Betriebssystemen ausstattet, die unter anderem für die Installation auf Komplett-PCs gedacht sind – zu entsprechend günstigen Stückpreisen. Solche Lizenzen kommen unter dem Kürzel „OEM" (kurz für „Original Equipment Manufacturer"), „DSP" („Delivery Service Partner"), „ESD" („Electronic Software Distribution") oder „SB" („System Builder") auf den freien Markt, ohne dass Microsoft dagegen allzu viel tun kann. Käufer bekommen einen Datenträger in einer schlichten Papierhülle, manchmal auch nur einen Code, in keinem Fall aber Support von Microsoft.

Bei einem Testkauf beim Online-Händler TPFNet (unter anderem verfügbar über Amazon) funktionierte die Aktivierung über einen Key einwandfrei. Man sollte sich dabei aber genau an die – einfach umzusetzende – Anleitung halten. Ein Windows-10-Key war dort bei Redaktionsschluss dieses Buches ab etwa 32 Euro zu haben.

Woran erkennt man gefälschte Windows-Versionen?

In einem solchen Umfeld entstehen schnell Grauzonen, schwarze Schafe werden magisch angezogen. Erst wenn man den Aktivierungscode nach der Installation eingibt, merkt man, dass er eigentlich gar nicht gültig ist, und dann ist es zu spät. Sogenannte Key-Reseller vertreiben auf Ebay & Co. für wenig Geld Schlüssel, die aus befristeten Testversionen stammen oder sogar schon verwendet worden sind. Und selbst wenn anfangs alles klappt: Kommt Microsoft nach erfolgter Online-Überprüfung zu der Erkenntnis, dass es sich um einen gefälschten oder gestohlenen Code handelt, kann dem geprellten Kunden die Lizenz kurzerhand entzogen werden. Für ahnungslose Privatanwender bleibt das zwar juristisch folgenlos. Den Ärger hat man aber so oder so, und das Geld ist auch weg. Um die Verwirrung komplett zu machen, tauchen auch im Einzelhandel immer wieder Lizenzschlüssel auf. Die Windows 10 Professional Edition ist da schon für knapp 40 Euro zu haben. Windows direkt neben den Süßigkeiten im Impulskaufregal an der Supermarktkasse? Kann das mit rechten Dingen zugehen?

Auf Nachfrage räumt der Konzern ein, „dass Microsoft-Software insbesondere im Internet günstiger angeboten wird als im offiziellen Microsoft-Store." Das lasse sich unter anderem dadurch erklären, dass Microsoft Händlern keine Preise für Software vorschreibe. „Ist ein Preis auffällig niedrig, sollten Kunden wachsam sein, denn ein solcher Preis kann ein Indiz für ein illegales Angebot sein", so Microsoft. Auch beim Kauf von physischen Medien ist Vorsicht geboten. „Noch immer werden gefälschte Datenträger zum Verkauf angeboten, die den originalen Datenträgern zum Teil täuschend ähnlich sehen." Damit solche Fake-Versionen entlarvt werden können, hat Microsoft im Netz Merkmale zusammengestellt, mittels derer man echte und falsche Datenträger unterscheiden kann. Problem: Wer online kauft, hat kaum die Möglichkeit, die Ware so genau unter die Lupe zu nehmen.

Beim Thema Produktschlüssel weist Microsoft darauf hin, dass diese nicht mit Lizenzen gleichzusetzen sind. Sie seien vielmehr zu vergleichen mit einem Wohnungs- oder Autoschlüssel, der nur die tatsächliche Nutzung ermöglichen solle, aber nicht automatisch ein Recht zur Nutzung beinhalte. „Ein Kunde, der nur einen Product Key und einen Downloadlink erhält, darf die Software nur dann nutzen, wenn er zusammen mit dem Product Key ein tatsächlich bestehendes Nutzungsrecht erwirbt." Der Umstand, dass ein Code tatsächlich funktioniere, sei noch kein Beleg dafür, dass damit auch ein Nutzungsrecht mit übertragen wurde.

Im Klartext. Microsoft behält sich in solchen Fällen das Recht vor, Produktschlüssel zurückzuweisen. „Gerade weil Kunden im Zweifelsfall beweisen müssen, dass sie zur Nutzung der Software berechtigt sind, sollten sie beim Kauf darauf achten, dass der Verkäufer ihnen alle Informationen und Unterlagen zur Verfügung stellt, aus denen sich der

Nützliche Links

Microsoft Store. www.microsoft.com/de-at/store
Windows Media Creation Tool. www.microsoft.com/de-de/software-download/windows10
Originale und Fälschungen unterscheiden. www.microsoft.com/de-de/howtotell/Software.aspx?tab=PackagedSoftwareTab
Sicher einkaufen. www.microsoft.com/de-de/aktionen/piraterie/sicheres-einkaufen
Illegale Software melden. https://reporting-emea.bsa.org/r/report/add.aspx?src=de&ln=de

Erwerb und der konkrete Umfang des Nutzungsrechts ergibt", erklärt der Konzern. Fallen gibt es also jede Menge. Vor diesem Hintergrund sollte man sich also gut überlegen, ob man ein Risiko eingehen will oder doch lieber etwas tiefer in die Tasche greift. Vielleicht kann man sich ja mit dem Gedanken trösten, dass ein mittlerweile sehr guter Virenschutz im Preis enthalten ist.

Das Windows-10-Upgrade vorbereiten

Daten sichern

Erster Schritt bei allen tiefgreifenden Änderungen am Betriebssystem sollte eine aktuelle Sicherung sämtlicher Daten sein. Persönliche Dokumente, Fotos und andere unwiederbringliche Inhalte kopiert man idealerweise auf einen externen Datenträger. Alternativ bietet sich eine Datensicherung auf Microsofts Cloudspeicher OneDrive an (sofern der dort verfügbare Speicherplatz ausreicht). Nach dem Umstieg kann man alle Dateien ganz einfach wieder aus der Cloud auf die eigene Festplatte holen. Wer gar eine Komplettsicherung seiner Festplatte durchführt, kann im Ernstfall die alte Arbeitsumgebung schnell wiederherstellen. Am zuverlässigsten geht das mit professionellen Backup-Programmen, die man meist gratis im Internet findet. Als weitere Absicherung kann man in der Systemsteuerung von Windows 7 oder 8.1 unter „System und Sicherheit" und „Sichern und Wiederherstellen" einen Rettungsdatenträger erstellen , mit dem sich die alte Konfiguration nach einer fehlgeschlagenen Installation wiederherstellen lässt. Weitere Informationen zum Thema Backup finden Sie ab ► Seite 193.

Ordnung schaffen

Als Nächstes sollte man das bestehende System so weit wie möglich in Ordnung bringen. Ist das „alte" Windows vor dem Umstieg gut in Schuss, minimiert man die niemals ganz auszuschließende Möglichkeit, dass es zu unvorhergesehenen Fehlern kommt. Bereits vorhandene Probleme, die man in die neue Windows-Installation mitschleppt, können auch unter Windows 10 für Ärger sorgen.

Zum Großreinemachen gehört das Entfernen von Software, die man nicht mehr braucht. Diese Aufgabe kann man in der Systemsteuerung über „Programme" und „Programme und Features" erledigen. Unbedingt entfernen sollte man sämtliche „Optimierungssoftware" sowie Antiviren-Programme. Besitzt ein Virenscanner keine eigene Deinstallationsfunktion, findet man die passenden „Removal-Tools" auf der Webseite des jeweiligen Herstellers.

Wenn man schon einmal dabei ist, kann man auch Programmreste und Datenmüll wie nicht mehr benötigte Update-Dateien oder vergessene temporäre Dateien löschen. Die „Datenträgerbereinigung" ruft man auf, indem man ins Suchfeld des Startmenüs „Datenträger" eintippt und dann den entsprechenden Eintrag in den Suchergebnissen anklickt. Eventuell müssen Sie nun das Laufwerk auswählen, danach startet ein Assistent, der Daten auf der Festplatte aufspürt. Danach öffnet sich wiederum ein Fenster mit einer Auswahlliste potenzieller Löschkandidaten inklusive Volumensangaben. Diese Auswahl versteht sich als Vorschlag, wobei Sie aber keine Angst zu haben brauchen, hier irrtümlich systemrelevante Dateien zu löschen. Klicken Sie zunächst noch auf die Schaltfläche „Systemdateien bereinigen". Nun startet ein neuerlicher Suchlauf, der einige Zeit in Anspruch nehmen kann und der bestehenden Liste den Eintrag „Vorherige Windows-Installationen" (früher: „Windows-Updatebereinigung") hinzufügt. Der nächste Schritt ist nun das Anhaken und anschließende Beseitigen vor allem jener Daten, die mehrere hundert Megabyte ausmachen oder sich sogar im Gigabyte-Bereich bewegen. Dazu gehören – neben den Windows-Updates – temporäre Dateien, die temporären Internetdateien, die Systemfehler-Speicherabbilddateien, die Windows-Fehlerberichterstattungsdateien, die Debug-Speicherabbilddateien und die Protokolldateien für Windows-Upgrades. Danach starten Sie den Vorgang durch Klick auf „OK".

Autostart bereinigen

Gerade bei älteren Systemen haben sich mit der Zeit viele Programme angesammelt, die beim Hochfahren automatisch gestartet werden. Auch diese können, wenn es dumm läuft, beim Upgrade Konflikte verursachen. Unter Windows 7 sollte man deshalb die „Systemkonfiguration" aufrufen, indem man „msconfig" in das Suchfeld der Taskleiste eingibt. Unter „Autostart" lassen sich dann unnötige Einträge deaktivieren. Unter Windows 8.1 ruft man mit der Tastenkombination Strg+Umschalten+Esc den „Taskmanager" auf und geht dort zu „Autostart".

Tipp. Im Zweifelsfall hilft es, zu googeln. Auch andere Nutzer sind nicht immer sicher, ob sie einen bestimmten Autostart-Eintrag bedenkenlos deaktivieren können. Im Internet gibt es häufig Informationen dazu.

Daneben hat es sich als sinnvoll erwiesen, die Treiber des aktuellen Systems auf den neuesten Stand zu bringen, indem man neue Treiber-Versionen von der Herstellerseite herunterlädt und installiert (siehe ► Seite 42).

Nun kann man mit dem Befehl „Sfc/Scannow" eine Systemdateiprüfung durchführen. Dazu klicken Sie auf „Start" und geben in das Suchfeld „cmd.exe" ein. Mit einem Klick auf den nun erscheinenden Programmeintrag öffnen Sie die „Eingabeaufforderung". Geben Sie dort „Sfc/Scannow" ein. Die Systemdateiprüfung setzt voraus, dass man mit

Administratorrechten angemeldet ist. Ist das nicht der Fall, klicken Sie zunächst mit rechts auf den Programmeintrag und wählen „Als Administrator ausführen".

Windows-Laufwerk optimieren

Schließlich empfiehlt sich eine Optimierung des Systemdatenträgers, also des Festplattenbereichs, auf dem Windows installiert werden soll. Typischerweise handelt es sich dabei um das mit dem Buchstaben C: gekennzeichnete Laufwerk. Dazu klickt man im Windows-Explorer (auch: Datei-Explorer, siehe ► Seite 99) mit rechts auf den Eintrag „Lokaler Datenträger (C:)" in der linken Spalte und wählt im Kontextmenü „Eigenschaften". Nun kann man eine sogenannte Defragmentierung durchführen. Dabei werden die auf dem Datenträger verstreuten Programmteile optimal angeordnet, was zusätzlich Platz und Ordnung schafft. Unter Windows 8.1 öffnet man dazu wie beschrieben das Kontextmenü im Explorer und klickt unter „Tools" auf „Optimieren". Unter Windows 7 geht man über das Start-Menü auf „Zubehör", „Systemprogramme" und „Defragmentierung".

Achtung! Defragmentieren Sie ausschließlich herkömmliche mechanische Festplatten. Die modernen SSDs vertragen die Defragmentierung nicht! Es gibt für SSDs aber spezielle Kaufprogramme wie „SSD Fresh" von Abelssoft.

Nach dem Upgrade: Treiber überprüfen

Wenn nach dem Upgrade bestimmte Hardwarekomponenten oder Peripheriegeräte wie etwa der Drucker nicht mehr richtig funktionieren, sind in der Regel Treiberprobleme die Ursache. Weitere Informationen dazu finden Sie auf ► Seite 42.

32 oder 64 Bit?

Vor dieser Frage steht man spätestens, sobald man eine Installation durchführt. Nur kurz zur Erklärung: Die 64-Bit-Variante kann mehr Informationen auf einmal verarbeiten und auch mehr als 4 GB Arbeitsspeicher (RAM) verwalten. Im Idealfall trägt sie also zur Beschleunigung bei. Die Windows-Installationsdateien ermöglichen in der Regel beides, zumal es preislich keinen Unterschied gibt. Bei gekauften Voll-PCs neueren Datums findet man fast durchgängig die 64-Bit-Variante. Die 32-Bit-Variante ist in erster Linie für leistungsschwächere Rechner oder Tablet-PCs interessant, die nur über 1 bis 2 GB Arbeitsspeicher verfügen. Ansonsten sollte man stets der schnelleren 64-Bit-Version den Vorzug geben. Das 32-Bit-Windows kann aber dann empfehlenswert sein, wenn man bei älterer Hardware Probleme mit der 64-Bit-Treiberunterstützung hat.

Tipp. Klicken Sie auf das Windows-Symbol („Start") und zwar unter Windows 7 mit links und unter Windows 8.1 mit rechts. Dann gehen Sie zu „Systemsteuerung" und „System und Sicherheit". Unter „System" wird Ihnen u.a. angezeigt, ob auf Ihrem Gerät eine 32- oder eine 64-Bit-Version des aktuellen Betriebssystems läuft und – für den Fall einer vorhandenen 32-Bit-Version – ob die Hardware eine 64-Bit-Version überhaupt unterstützt.

Die Installation

Ob Upgrade oder Neuinstallation, mit systematischem Vorgehen und etwas Geduld sollte letztlich alles glatt gehen.

Upgrade durchführen

Der einfachste Weg ist sicher das Upgrade von einer älteren Version. Wenn der PC die Voraussetzungen dafür erfüllt und Sie die im vorangegangenen Kapitel beschriebenen Vorbereitungen getroffen haben, sollte es dabei keine Probleme geben. Sollte die Installation nicht automatisch starten, suchen Sie in den gespeicherten Installationsdateien die Anwendung „setup.exe" und starten Sie sie mit einem Doppelklick.

Während der Installation werden Sie gefragt, ob Sie ihre alten Daten und Einstellungen behalten oder ganz löschen möchten. Für eine komplette Neuinstallation spricht, dass man den PC mit diesem Schritt von eventuellen Altlasten und in den Tiefen des Systems schlummernden Fehlern befreit. Persönliche Daten und Einstellungen gehen dabei aber unwiderruflich verloren – wenn man sie nicht zuvor gesichert hat. Windows 10 lässt sich aber auch parallel auf einem separaten Laufwerk installieren. In diesem Fall werden Sie bei jedem Hochfahren gefragt, welche Version Sie starten möchten.

Tipp. Systematisches Vorgehen ist bei einer Installation das A und O. Dazu gehört auch, nicht ungeduldig zu werden, wenn es einmal etwas länger dauert. Niemals sollte man ohne Not eine Installation abbrechen, und man sollte für den Ernstfall einen Reparaturdatenträger bereithalten (siehe ► Seite 198).

Sprache und Standards festlegen. Legen Sie die Installationssprache, Uhrzeit- und Währungsformat sowie die Sprache für Tastatur und Eingaben fest.

Installation starten. Klicken oder tippen Sie auf „Jetzt installieren". Zuvor müssen Sie noch die Lizenzbedingungen bestätigen und danach können Sie die Installation mit „Weiter" fortsetzen. Die „Computerreparaturoptionen" am unteren Bildrand brauchen Sie dann, wenn bei der Installation etwas schiefgegangen ist. Wird die Installation beispielsweise wider Erwarten abgebrochen, starten Sie den Vorgang erneut von Ihrem Installationsdatenträger und wählen Sie diese Option.

Installationsart definieren. Hier entscheiden Sie, ob Sie die Upgrade-Variante wählen möchten, bei der Programme, Dateien und persönliche Einstellungen erhalten bleiben, oder ob Sie eine komplette Neuinstallation bevorzugen. Letztere starten Sie mit „Benutzerdefiniert". Sie sollten dabei unbedingt beachten, dass damit alle Ihre Daten verloren gehen, die sich auf der Installations-Partition befinden.

Partitionen festlegen. Eine Festplatte ist gewöhnlich in getrennte Bereiche unterteilt, die sogenannten Partitionen, auch „Laufwerke" genannt. Falls das bei Ihnen nicht der Fall ist, können Sie das in diesem Fenster tun. Sinnvoll ist z.B. eine Unterteilung in drei Partitionen, für das Betriebssystem (das ist die „Systempartition"), Programme und persönliche Dateien. Diese Einteilung in Partitionen macht es Ihnen später leichter, Festplatteninhalte zu lokalisieren. So können Sie das Laufwerk mit Ihren persönlichen Dateien einfach komplett mit einem externen Datenträger synchronisieren, um ein Backup durchzuführen. Falls Sie mehre Betriebssysteme parallel betreiben möchten, benötigt jedes davon eine eigene Partition. Ist auf Ihrem PC noch eine alte Windows-Version installiert, können Sie die Partitionen falls nötig bequemer über die Computerverwaltung in der Systemsteuerung anpassen. Für die 32-Bit-Version von Windows 10 brauchen Sie mindestens 16 GB Speicherplatz, für die 64-Bit-Version 20 GB. Räumen Sie Windows 10 aber besser etwas mehr Platz ein, wenn Sie diesen erübrigen können.

Tipp. In der Regel wird der Installationsassistent eine geeignete Partition vorschlagen. Wenn Sie unsicher sind, wählen Sie auf jeden Fall diese aus. Bei Bedarf können Sie die Partitionen nachträglich noch über die Computerverwaltung nachjustieren.

Achtung! Alle Daten auf der Installationspartition (auch: „Installationslaufwerk" oder „Systempartition") werden unwiederbringlich gelöscht.

Windows auf die Festplatte überspielen. Klicken Sie auf „Weiter", um die Installation von Windows 10 zu starten. Die Dauer dieses Vorgangs ist von der Größe der Festplatte abhängig – und natürlich davon, ob Sie ein Upgrade oder eine Neuinstallation durchführen. Der PC wird währenddessen mehrfach neu gestartet. Wichtig: Haben Sie etwas Geduld und unterbrechen Sie die Installation auf keinen Fall. Drücken Sie keine Tasten, weder an der Maus noch auf der Tastatur.

Einstellungen anpassen. Am schnellsten geht es, wenn Sie die von Windows vorgeschlagenen „Express-Einstellungen" verwenden. Dann sollten Sie sich im eigenen Interesse aber nach abgeschlossener Einrichtung des Computers die Zeit nehmen, um die ab ► Seite 57 beschriebenen Datenschutzeinstellungen anzupassen. Die Alternative ist, zumindest einige dieser Einstellungsänderungen bereits im Zuge der Installation durchzuführen, was jedoch ebenfalls die Beschäftigung mit dem erwähnten Abschnitt dieses Buches voraussetzt.

Nutzer festlegen. Wenn Sie Ihren Rechner privat nutzen, antworten Sie auf die Frage „Wem gehört dieser PC?" einfach mit „Mir" und bestätigen die Auswahl mit „Weiter". Ist er dagegen Teil eines Firmennetzwerkes, wählen Sie die Antwort „Meiner Firma".

Konto anmelden. Falls Sie bereits ein Microsoft-Konto besitzen, melden Sie sich nun damit an. Windows 10 übernimmt dann viele Einstellungen ganz automatisch. Sie können auch „Diesen Schritt überspringen" wählen, wenn Sie Windows nur mit einem lokalen Konto nutzen möchten. Über den Hyperlink „Erstellen Sie ein Konto!" können Sie wahlweise auch direkt ein neues kostenloses Microsoft-Konto einrichten. Unter der Adresse https://account.microsoft.com/ können Sie kostenlos ein neues Microsoft-Konto erstellen oder sich mit einem bestehenden Konto anmelden. Informationen zur Online-Anmeldung finden Sie unter der Adresse https://support.microsoft.com/de-de/help/4028195/microsoft-account-how-to-sign-in?ocid=MoveToWindows10. Bitte beachten Sie zum Thema Microsoft-Konto auch den Abschnitt auf ► Seite 40.

Eine Neuinstallation durchführen

Für die Neuinstallation können Sie die unter www.microsoft.com/de-de/ software-download/windows10 bereitstehenden Installations-Tools verwenden, um Windows herunterzuladen und Ihr eigenes Installationsmedium auf einem USB-Stick oder einer DVD erstellen. Das Tool ermöglicht Nutzern mit Windows 7, 8.1 und 10 den direkten Download. Es enthält:

- Für den Download optimierte Dateiformate
- Integrierte Medienerstellungsoptionen für USB-Sticks und DVDs
- Optionale Konvertierung ins ISO-Dateiformat

Sie brauchen:

- Eine stabile Internetverbindung
- Ausreichend Speicherplatz auf dem Ziellaufwerk (sei es eine PC-Partition, ein USB-Stick, eine DVD oder ein externes Laufwerk), das heißt mindestens

vier GB Speicherplatz. **Achtung!** Auf dem Datenträger werden alle eventuell vorhandenen Dateien gelöscht!

Welche Version man installiert, hängt vom Installationsdatenträger (also der im Handel erworbenen DVD) ab. Die von der Herstellerseite heruntergeladene Installationsdatei (ISO) vereint Home und Pro in sich. Hier hängt die Installation vom verwendeten Lizenzschlüssel ab. Bei beiden Varianten kann man sich zwischen der 32- und der 64-Bit-Version entscheiden, was preislich keinen Unterschied macht. Bei neuerer Hardware ist die zweite Variante zu bevorzugen (siehe ▶ Seite 31).

- Um eine Installations-DVD zu erstellen, brauchen Sie auch einen DVD-Brenner.
- Wenn Sie Windows zum ersten Mal installieren, benötigen Sie Ihren 25-stelligen Windows-Product Key.

Installation von einem USB-Stick

Um die Windows-10-ISO auf den USB-Stick zu bringen, muss das Media-Creation-Tool über „Tool jetzt herunterladen" zunächst heruntergeladen und installiert werden. Nach dem Start per Doppelklick und Klick auf die Option „Installationsmedien ... für einen anderen PC erstellen", wird die ISO-Quelldatei auf der Festplatte über den „Durchsuchen"-Button ausfindig gemacht. Haben Sie die richtige Datei gefunden und ausgewählt, klicken Sie auf „Weiter".

Wählen Sie nun die Option „USB-Gerät". Danach stecken Sie den USB-Stick ein. Hat das Windows-Download-Tool den USB-Stick erkannt, klicken Sie auf „Kopiervorgang starten". Das Medium wird nun formatiert. Im letzten Schritt werden die Installationsdaten von Windows kopiert. Danach besitzen Sie einen startbaren („bootfähigen") USB-Stick, den Sie zur Installation verwenden können. Um das Setup zu starten, muss der USB-Stick nun am Zielrechner angeschlossen werden. Im BIOS oder UEFI-Menü des PCs (unmittelbar beim Start meist über das Drücken der „Entf"- oder „F2"-Taste zu erreichen) muss gegebenenfalls noch die Option zum „Boot von USB" aktiviert bzw. die Reihenfolge geändert werden, mit der der PC die bootfähigen Laufwerke prüft (d.h. die USB-Schnittstelle muss vor die interne Festplatte gereiht werden). Anleitungen finden Sie bei Bedarf im Internet. Beim Neustart wird dann der Setup-Vorgang automatisch gestartet.

Mit oder ohne Microsoft-Konto?

Seit Windows 8 ist die Anmeldung über ein Microsoft-Konto (ehemals „Windows Live-ID") praktisch obligatorisch. Das bietet Ihnen eine ganze Reihe von Vorteilen. Sie können direkt auf den Online-Speicher OneDrive zugreifen, die damit verbundenen Apps Kalender, Mail und Kontakte nutzen, neue Software aus dem Windows-Store laden und Einstellungen über mehrere Computer hinweg synchronisieren. Die Bequemlichkeit hat allerdings ihren Preis. Der Windows-Hersteller bekommt so einen Überblick über Ihre Aktivitäten – ein großer Schritt hin zum gläsernen Nutzer. Das gilt selbst dann, wenn Sie unseren Tipps zum Datenschutz folgen, die Sie ab ► Seite 57 finden.

Wer das nicht in Kauf nehmen möchte, oder Microsofts Online-Dienste ohnehin nur sporadisch nutzt, kommt aber auch ohne Microsoft-Konto aus. Wenn Sie sich für diesen Weg entscheiden, können Sie ein „lokales Benutzerkonto" verwenden und sich damit von den Microsoft-Servern abnabeln. Wollen Sie das bereits bei der Installation erledigen, müssen Sie etwas tricksen. Sie können z.B. Ihre Verbindung zum Internet kappen (das Ethernet-Kabel ziehen oder WLAN deaktivieren), bevor Sie sich zum ersten Mal anmelden.

Alternativ klicken Sie im Anmeldebildschirm („Ganz Ihrs!“), in dem Sie aufgefordert werden, Ihre Kontodaten einzugeben oder ein neues Konto zu erstellen, stattdessen unten links auf „Diesen Schritt überspringen“. Danach können Sie sich wie gewohnt mit Namen und (falls gewünscht) Passwort anmelden. Lassen Sie das Feld für das Passwort leer, wird es beim nächsten Login auch nicht mehr abgefragt.

Konteneinstellungen ändern und Konten hinzufügen

Sie können auch später noch jederzeit zwischen einem lokalen Konto und einem Microsoft-Konto (wenn Sie eines besitzen) wechseln. Gehen Sie dazu entweder über „Einstellungen“ zu „Konten“ und „Ihr Konto“ und klicken Sie auf „Stattdessen mit einem lokalen Konto anmelden“ oder melden Sie sich dort umgekehrt mit einem bestehenden Microsoft-Konto an bzw. erstellen Sie ein neues. Oder klicken Sie im Start-Menü oben auf Ihr Profilbild und auf „Kontoeinstellungen ändern“. Über „Mein Microsoft-Konto verwalten“ gelangen Sie direkt zu den Konto-Einstellungen im Internet.

Auf dem gleichen Weg – über „Ihr Konto“ – können Sie Ihr Profilbild ändern. Entweder wählen Sie über „Durchsuchen“ ein Bild, das auf Ihrer Festplatte gespeichert ist, oder Sie nehmen über „Ihr Bild erstellen“ ein neues auf – aus nachvollziehbaren Gründen muss das Gerät dafür über eine Kamera verfügen oder Sie müssen eine solche per USB anschließen.

Unter „andere verwendete Konten" können Sie außerdem weitere Microsoft-Konten oder ein Geschäfts- und Schulkonto hinzufügen. Sie erhalten dann Zugriff auf gemeinsam genutzte Ressourcen wie Apps, Netzwerk und E-Mails. Dieses Feature wird über „Arbeitszugriff" verwaltet und ist nur unter Windows 10 Pro verfügbar.

Wenn Sie Freunden oder Familienmitgliedern Zugang zu Ihrem PC gewähren wollen, finden Sie die dazu notwendigen Optionen unter „Familie und weitere Benutzer". Klicken Sie auf „Familienmitglied hinzufügen", um beispielsweise einem Kind den Zugang zu gestatten. Für Kinder, die ein eigenes Konto besitzen, können Sie genau festlegen, welche Inhalte sie nutzen dürfen, können Aktivitäten überwachen und Nutzungszeiten festlegen. Klicken Sie dazu auf den Link „Familieneinstellungen online verwalten". Sie können Ihrem PC auch weitere Nutzer hinzufügen, die sich mit einem eigenen Konto (lokales Konto oder Microsoft-Konto) anmelden können. Solche Personen können zwar die Systemressourcen nutzen und ins Internet gehen, haben aber keinen Einblick in Ihre persönlichen Daten, Dokumente, Apps und Einstellungen.

Geräte und Treiber installieren

Für neu angeschlossene Geräte sucht Windows 10 wie alle seine Vorgänger automatisch nach Treibern. Windows bringt ein umfassendes Treiberpaket mit, das ständig erweitert wird. Dennoch kann es passieren, dass für ein externes Gerät (beispielsweise einen Drucker oder Scanner) oder eine interne Komponente (beispielsweise eine Grafikkarte) kein geeigneter Treiber gefunden wird, insbesondere dann, wenn es sich um ein älteres Modell handelt. Fehlt ein passender Treiber, kann das Gerät nicht einwandfrei funktionieren. Eine Vielzahl von Problemen, von einer fehlerhaften Anzeige bis hin zu

Abstürzen, geht auf Treiberprobleme zurück. Im schlimmsten Fall lässt sich Windows gar nicht mehr starten.

Wird Windows 10 nicht selbstständig fündig, müssen Sie den fehlenden Treiber eventuell eigenhändig installieren. Gehen Sie dazu auf die Webseite des Herstellers und suchen Sie unter den Stichworten „Support", „Downloads", „Treiber" oder „Driver" nach einem für Ihr Gerät geeigneten Treiber. Gibt es keinen Treiber für Windows 10, versuchen Sie es mit der jeweils aktuellsten Version. Manchmal helfen Ihnen auch Treiber für Windows 7 oder 8 weiter. Laden Sie den passenden Treiber herunter.

Windows wird Sie gegebenenfalls vor der Installation warnen. Klicken Sie dann auf „Diese Treibersoftware trotzdem installieren". Eine weitere Möglichkeit ist, einen Treiber für eine unter anderem Namen oder von einer anderen Firma vertriebene Hardware zu verwenden, die mit Ihrem Gerät baugleich ist. Dazu ist allerdings etwas Recherche in einschlägigen Onlineforen und Treibersammlungen nötig. Gehen Sie dann den Weg über den „Geräte-Manager", den Sie in der Systemsteuerung in der Kategorieansicht unter „Hardware und Sound" und „Geräte und Drucker" finden (zur Systemsteuerung gelangen Sie unter Windows 10 durch Eingabe des Begriffes in das Suchfeld der Taskleiste).

In dem Verzeichnisbaum werden alle installierten Hardwarekomponenten angezeigt (eventuell müssen sie auf den kleinen Pfeil links neben der Gerätekategorie klicken, um die ganze Anzeige auszuklappen. Wird ein Gerät dort mit einem orangen Warn-Symbol angezeigt, liegt ein schwerwiegendes Treiberproblem vor. Es kommt aber auch vor, dass keine Warnung angezeigt wird und der installierte Treiber dennoch nicht einwandfrei funktioniert oder veraltet ist. Doppelklicken Sie auf das fragliche Gerät. Klicken Sie in dem sich öffnenden Fenster im Register „Treiber" auf „Treiber aktualisieren", um auf einem Ihrer Laufwerke oder einem eingelegten Datenträger nach einem geeigneten Treiber zu suchen.

Wenn Sie wissen, wo Sie den von der Herstellerseite heruntergeladenen Treiber gespeichert haben, klicken Sie „Auf dem Computer nach Treibersoftware suchen" und anschließend auf die Schaltfläche „Aus einer Liste von Gerätetreibern auf dem Computer auswählen" und „Weiter". Navigieren Sie mit „Durchsuchen" zum heruntergeladenen Treiber-Paket des gewünschten Geräts. Suchen Sie nach der .inf-Datei und versuchen Sie, diese zu installieren. Wählen Sie „Automatisch nach aktualisierter Treibersoftware suchen", um auf Ihrem Computer und im Internet nach einem passenden Treiber zu suchen.

Wollen Sie eine ältere Treibersoftware mit dem Setup-Assistenten des Herstellers installieren und Windows verweigert dies, klicken Sie mit rechts auf die Installationsdatei und wählen Sie unter „Eigenschaften" im Tab „Kompatibilität" jene Windows-Version, für die die zu installierende Software ursprünglich bereitgestellt wurde. Klicken Sie im Register „Treiber" die Option „Vorheriger Treiber", um notfalls den ursprünglichen Zustand wiederherzustellen.

Tipp. Es kommt vor, dass Windows partout aktualisierte Treiber für Windows 10 installieren möchte bzw. diese automatisch installiert, dies aber nicht zweckdienlich ist, weil es hinterher zu Problemen kommt. Gehen Sie in der Systemsteuerung zu „Geräte und Drucker" und dort zu „Geräteinstallationseinstellungen ändern". Aktivieren Sie dort die Option „Nein, zu installierende Software selbst auswählen" und „Nie Treibersoftware von Windows Update installieren" und speichern Sie die Änderungen.

Hinweis. Floppy-Disc-Laufwerke mit USB-Anschluss werden von Windows nicht mehr unterstützt. Auch von den meisten Herstellern dieser überholten Geräte werden keine passenden Treiber bereitgestellt. Gegebenenfalls sollten Sie die Inhalte Ihrer Floppy-Discs also vor dem Umstieg auf Windows 10 auf moderne Datenträger kopieren.

Wichtig ist nicht nur, den zum Gerät passenden Treiber zu finden, sondern diesen auch in regelmäßigen Abständen zu aktualisieren. Viele PC-Probleme sind mit veralteten Treibern zu erklären, die, etwa bei Grafikkarten, ganz erhebliche Auswirkungen auf die Systemstabilität haben können. Bekannte Hersteller wie etwa Nvidia liefern daher Update-Programme (in diesem Fall unter dem Namen „GeForce Experience") gleich mit.

Problembehandlung

Wenn nach der Installation bestimmte Windows-Funktionen oder Hardware-Komponenten nicht mehr richtig funktionieren, können die Ursachen sehr vielfältig sein. Nicht immer ist es das Upgrade, das Probleme macht. Manchmal schleppt man Probleme auch vom alten PC einfach mit, die sich nun auf einmal bemerkbar machen. Eine gute Vorbereitung auf das Upgrade ist daher unerlässlich. Lesen Sie dazu auch die Ausführungen ab ► Seite 17. Für die Betroffenen ist das an dieser Stelle natürlich wenig tröstlich, zumal es nicht eine allgemeingültige Lösung für alle gibt. Folgende Maßnahmen können hilfreich sein:

Richtige Treiber installieren

Wenn Hardwarekomponenten oder Peripheriegeräte nicht mehr richtig funktionieren, deutet das meistens auf Treiberprobleme hin. Beachten Sie dazu den Abschnitt „Geräte und Treiber installieren" auf ► Seite 42ff.

Einzelne Updates entfernen

Wenn alles nichts hilft, lassen sich einzelne Updates auch wieder rückgängig machen. Dazu sollte man wissen, wann die Probleme aufgetreten sind, um die Fehlerquelle ausfindig machen zu können. Öffnen Sie die Systemsteuerung und klicken Sie unter „Programme" auf „Programme deinstallieren". Oben links klicken Sie dann auf „Installierte Updates anzeigen". Suchen Sie das Update aus, das kurz vor dem ersten Auftreten des

Fehlers durchgeführt wurde. Klicken Sie darauf und dann oben auf „Deinstallieren". Bestätigen Sie die Warnhinweise und starten Sie den PC neu. Nun müssen Sie noch dafür sorgen, dass das Update nicht wieder automatisch installiert wird. Gehen Sie dazu in den Einstellungen zu „Update & Sicherheit" und klicken Sie unter „Windows Update" auf „Nach Updates suchen". Dort sollte das deinstallierte Update nun angezeigt werden. Klicken Sie mit rechts auf den Eintrag und wählen Sie „Update ausblenden". Sicherheitsupdates sollten Sie allerdings auf keinen Fall deaktivieren!

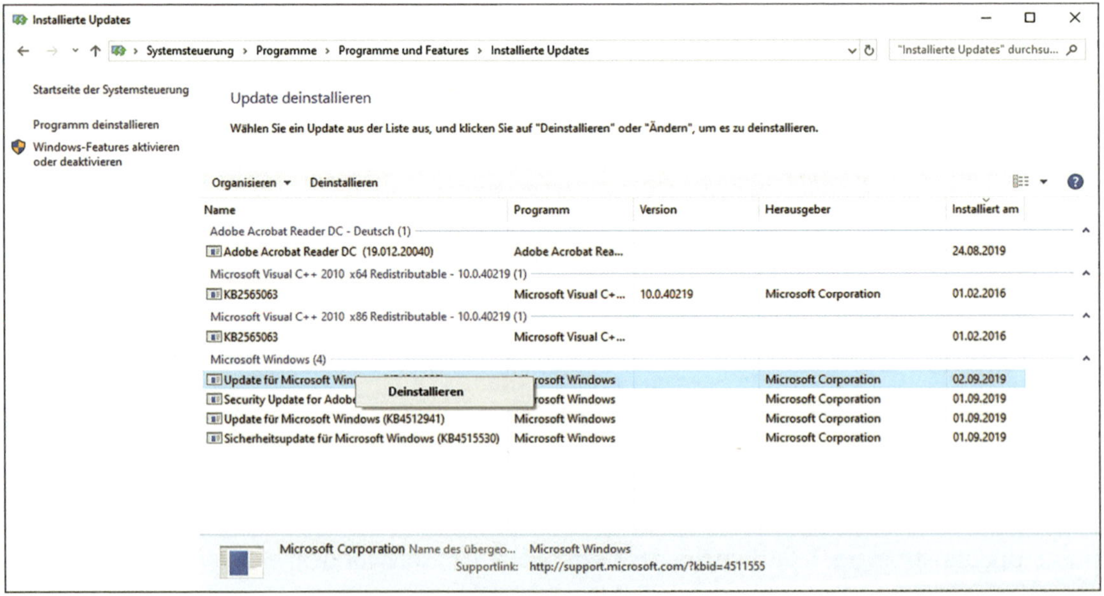

PC zurücksetzen

Eventuell bleibt Ihnen auch nichts anderes übrig, als den PC in einen älteren Zustand zurückzuversetzen. Das geht wieder über „Einstellungen“ und „Update und Sicherheit“. Wählen Sie diesmal auf der linken Seite „Wiederherstellen“. Sie können diese „Auffrischung“ des PCs so durchführen, dass Ihre persönlichen Dateien dabei erhalten bleiben. Eine Datensicherung sollten Sie vorher für alle Fälle aber trotzdem anlegen. Auch kann es sein, dass Sie Programme neu installieren müssen, damit sie wieder einwandfrei funktionieren. Zugegeben: Das ist mit etwas Aufwand verbunden, aber die Chance ist groß, dass Ihre Probleme hinterher beseitigt sind. Haben Sie ein bestimmtes Update als Verursacher im Verdacht, können Sie es wie oben beschrieben ausblenden.

Upgrade doch noch durchführen

Bisweilen kommt es vor, dass sich das Upgrade auf Windows 10 nicht durchführen lässt oder abgebrochen wird. Zunächst einmal sollte man sich dann vergewissern, dass alle Voraussetzungen für das Upgrade erfüllt sind. So kann schon das Upgrade auf Windows 8.1 scheitern, wenn das Desktop-Design (bzw. „Theme“) „Aero Glass“ ausgeführt wird. Deshalb sollte man zunächst auf ein Standard-Theme umstellen. Danach aktivieren Sie mit Msconfig alle „exotischen“ Autostarts. Öffnen Sie dazu mit der Tastenkombination Windows-Taste + R das „Ausführen“-Fenster und geben Sie „msconfig“ ein. Im nun erscheinenden Fenster können Sie mutmaßliche Störenfriede ausschalten. Im Anschluss starten Sie den Rechner neu. Unter Windows 7 müssen zudem mindestens das „Service Pack 1“ und alle Patches bis Oktober 2015 installiert sein. Unter Windows 8 wird das Update auf Windows 10 erst dann angeboten, wenn Windows 8.1 sowie alle Updates, auch optionale, installiert sind. Wenn der PC zu einer Domäne gehört, wird das Upgrade-Symbol in der Taskleiste nicht angezeigt. In diesem Fall kann das Upgrade mit dem Media Creation Tool (siehe Kasten) manuell gestartet werden.

Lassen sich Updates nicht durchführen, kann man sich mit einem Trick behelfen. Öffnen Sie mit der Tastenkombination Windows-Taste + R das „Ausführen"-Fenster und geben Sie „services.msc" ein. Suchen Sie in der Liste den Dienst „Windows-Update". Doppelklicken Sie auf den Eintrag und wählen Sie „Beenden". Gehen Sie dann über den Explorer (siehe ► Seite 99) zum Ordner C:\Windows\SoftwareDistribution\Download\ und leeren Sie ihn. Das Gleiche machen Sie mit dem Ordner C:\Windows\SoftwareDistribution\DataStore\. Starten Sie danach den Dienst „Windows-Update" neu, indem Sie darauf doppelklicken und „Starten" wählen. Nun sollten sich die Updates durchführen lassen.

Nützliche Links

„Media Creation Tool" zur manuellen Installation. www.microsoft.com/de-de/software-download/windows10
Intel-Treiber aktualisieren. www.intel.de/content/www/de/de/support.html
Anleitung zur Überprüfung des Rechners auf defekte Systemdateien: https://support.microsoft.com/de-de/kb/929833
Anleitung zum Rücksetzen von Update-Komponenten. https://support.microsoft.com/de-de/kb/971058
Anleitung zur Parallelinstallation von Windows 10. http://windows.microsoft.com/de-de/windows/install-multiple-operating-system-multiboot#1TC=windows-7
Upgrade-App wird nicht angezeigt. https://support.microsoft.com/de-de/kb/3081048
Upgrade-Komponenten zurücksetzen. https://support.microsoft.com/de-de/kb/971058

Windows 10 parallel zur vorigen Windows-Version installieren

Viele Leser sind unsicher, ob sie wirklich zu Windows 10 wechseln sollen und möchten sich die Möglichkeit offenhalten, später zur älteren Version zurückzukehren. Dazu bietet sich eine Parallelinstallation an, zum Beispiel auf einem virtuellen Laufwerk.

Ein virtuelles Laufwerk ist ein abgegrenzter Bereich auf einer Festplatte, der wie eine eigene Partition bzw. Laufwerk behandelt wird. Um ein virtuelles Laufwerk zu erzeugen, braucht man im Wesentlichen zwei Dinge. Zum einen Windows 10 als ISO-Datei, mit der sich ein Installationsdatenträger erstellen lässt. Solche ISO-Dateien werden von Microsoft offiziell angeboten und können unter https://www.microsoft.com/de-de/software-download/windows10 von jedem kostenlos heruntergeladen werden. Außerdem benötigen Sie eine spezielle Software zum Erstellen virtueller Festplatten wie Virtual Box (https://www.virtualbox.org/) oder VMWare. Oracles Virtual Box ist für Privatanwender kostenlos. Nach einem Klick auf „Neu" wird der Nutzer Schritt für Schritt auf Deutsch durch die Installation geleitet. Dabei müssen Sie dann jenen Ordner angeben, auf dem Sie die Windows-10-ISO-Datei gespeichert haben.

Sobald Sie Windows auf dem virtuellen Laufwerk installiert haben, können Sie dieses wie einen richtigen PC nutzen – unabhängig von der Windows-Version, die normalerweise auf Ihrem „realen" PC im Einsatz ist.

Wir können Sie nur dazu ermutigen, ein virtuelles Laufwerk einmal auszuprobieren. Das ist einfacher, als man zunächst denken mag, und beansprucht im ausgeschalteten Zustand auch kaum Systemressourcen.

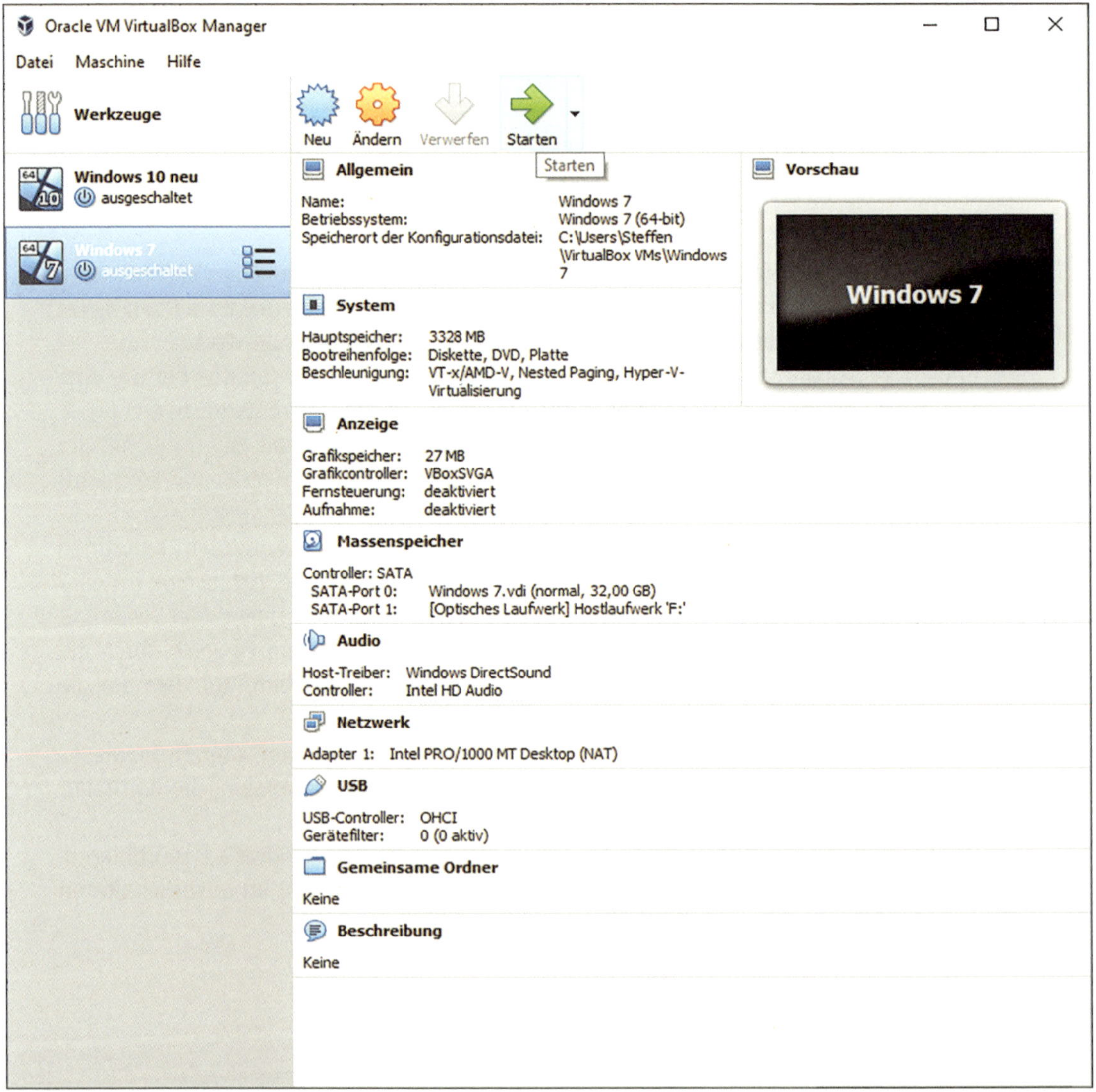
Oracle VM VirtualBox Manager
Datei Maschine Hilfe
Werkzeuge
Neu Ändern Verwerfen Starten
Starten
Windows 10 neu
ausgeschaltet
Windows 7
ausgeschaltet
Allgemein
Name: Windows 7
Betriebssystem: Windows 7 (64-bit)
Speicherort der Konfigurationsdatei: C:\Users\Steffen\VirtualBox VMs\Windows 7
System
Hauptspeicher: 3328 MB
Bootreihenfolge: Diskette, DVD, Platte
Beschleunigung: VT-x/AMD-V, Nested Paging, Hyper-V-Virtualisierung
Vorschau
Windows 7
Anzeige
Grafikspeicher: 27 MB
Grafikcontroller: VBoxSVGA
Fernsteuerung: deaktiviert
Aufnahme: deaktiviert
Massenspeicher
Controller: SATA
SATA-Port 0: Windows 7.vdi (normal, 32,00 GB)
SATA-Port 1: [Optisches Laufwerk] Hostlaufwerk 'F:'
Audio
Host-Treiber: Windows DirectSound
Controller: Intel HD Audio
Netzwerk
Adapter 1: Intel PRO/1000 MT Desktop (NAT)
USB
USB-Controller: OHCI
Gerätefilter: 0 (0 aktiv)
Gemeinsame Ordner
Keine
Beschreibung
Keine

Einstellungen anpassen

Umsteiger müssen sich daran gewöhnen, dass die klassische Systemsteuerung unter Windows 10 ein Auslaufmodell ist. Sie ist zwar noch erreichbar – durch Eingabe von „sys" in das Eingabefeld der Taskleiste, dann Schaltfläche „Systemsteuerung" – und dieser Weg ist manchmal auch unvermeidlich (wo dies der Fall ist, werden wir Sie im vorliegenden Buch explizit darauf hinweisen). Zentrale Anlaufstelle für alle wichtigen Anpassungen ist nun aber das „Einstellungen"-Menü. Sie erreichen es

- Mit einem Klick auf das Windows-Symbol (Start-Button) und dann auf das Zahnrad-Symbol direkt über dem Ein/Aus-Button oder
- über die Tastenkombination Windows-Taste + I.

Das „Einstellungen"-Menü werden Sie ziemlich rasch nach der Installation brauchen, um einige wesentliche Dinge festzulegen. Deshalb möchten wir Ihnen die unterschiedlichen Bereiche bereits hier schon kurz vorstellen, kommen aber im Folgenden immer wieder darauf zurück. Ganz oben finden Sie ein Suchfeld, das recht praktisch ist, wenn Sie nicht (mehr) genau wissen, in welchem Bereich sich die gesuchte Option befindet. Im Verlauf der Windows-Updates kommen zudem immer wieder neue Bereiche hinzu (zumeist „wandern" sie von der Systemsteuerung hier herüber), sodass wir hier keinen Anspruch auf Vollständigkeit erheben können. Die grundlegende Struktur dürfte aber weitgehend gleich bleiben.

System. Eine der wichtigsten Kategorien zur Anpassung von Windows 10, die uns noch häufiger beschäftigen wird. Fürs Erste genügt es zu wissen, dass Sie über die Unterkategorie „Anzeige" die Auflösung anpassen können. Eigentlich wird diese während des Setups von Windows automatisch optimal eingestellt. Es kann aber auch notwendig sein, sie manuell zu korrigieren – etwa weil eine höhere Auflösung möglich ist, die Grafikkarte nicht richtig erkannt wurde oder Ihnen die Vorgabe von Windows nicht einleuchtet. Über das Ausklappmenü unter „Auflösung" können Sie Pixelzahl und Ausrichtung ändern. Klicken Sie auf „Beibehalten", um Ihre Auswahl final zu bestätigen.

Tipp. Sie erreichen die Unterkategorie „Anzeige" auf schnellerem Wege, wenn Sie in der Desktop-Ansicht mit der rechten Maustaste auf einen leeren Bereich klicken und im Kontextmenü „Anzeigeeinstellungen" wählen. Das ist z.B. auch dann hilfreich, wenn Sie wegen falscher Anzeigeeinstellungen den Start-Button nicht mehr erkennen können.

Wichtige Unterkategorien von „System" sind auch „Sound" (zur Anpassung von Audioausgabegeräten, Mikrofon und allgemeiner Lautstärke), „Netzbetrieb und Energiesparen" (um festzulegen, wie sich das System nach einer bestimmten Zeit der Inaktivität verhalten soll) sowie „Benachrichtigungen und Aktionen" und „Benachrichtigungsassistent". In den beiden letztgenannten legen Sie fest, wie, wo und wann Windows 10 bestimmte Informationen auf den Bildschirm sendet. Nehmen die Benachrichtigungen überhand, kann das nämlich ziemlich lästig werden, auch wenn die Benachrichtigungsfenster nach einer Weile von selbst wieder verschwinden. Den Benachrichtigungsassistenten selbst rufen Sie übrigens über das Sprechblasen-Symbol ganz unten rechts in der Taskleiste auf. Dort finden Sie (unterhalb der Benachrichtigungen) auch einige nützliche Abkürzungen, etwa zu „Netzwerk" (Netzwerk- und Internet-Einstellungen), einen Umschalter für den Tablet-Modus oder „Alle Einstellungen".

Geräte. Einstellungen für Peripheriegeräte wie Tastatur und Drucker sowie die Möglichkeit, Geräte über drahtlose Verbindungen (z.B. Bluetooth) hinzuzufügen.

Telefon. Verbindungsmöglichkeit für Mobiltelefone, etwa um Fotos und Texte direkt auf den PC-Bildschirm zu übertragen.

Netzwerk und Internet. Zentraler Anlaufpunkt für alle Verbindungseinstellungen. Alternativ klicken Sie auf den Netzwerk-Button (er zeigt einen Bildschirm und ein stilisiertes Netzwerkkabel) unten rechts in der Taskleiste und dann auf „Netzwerk- und Interneteinstellungen". Klicken Sie mit rechts auf den Button, um bei Verbindungsproblemen eine Problembehandlung durchzuführen.

Personalisierung. Hier legen Sie insbesondere fest, wie Ihr persönliches Windows 10 aussehen soll. Während sich „Hintergrund", „Farben", „Sperrbildschirm" und „Designs" mit dem Erscheinungsbild befassen, legen Sie unter „Start" fest, welche Elemente Startseite, Start-Menü und Taskleiste enthalten und wie sie angezeigt werden sollen. Näheres dazu finden Sie im Kapitel „Windows 10 personalisieren“, siehe ► Seite 113ff. Sie erreichen die Kategorie „Personalisierung“ auf schnellerem Wege, wenn Sie in der Desktop-Ansicht mit der rechten Maustaste in einen leeren Bereich klicken und im Kontextmenü „Anpassen“ wählen.

Apps. Die interessanteste Funktion ist hier das Festlegen von Standard-Apps, also beispielsweise des Browsers, der standardmäßig geöffnet werden soll, wenn Sie in einer Mail oder einem Text einen Link anklicken. Zudem können Sie hier Offline-Karten verwalten. Standard-Apps können Sie jederzeit nach Belieben ändern, manche Programme fragen beim ersten Start auch automatisch nach, ob sie als Standard gesetzt werden sollen.

Konten. Wie Sie sich an Ihrem PC anmelden und welche weiteren Benutzer darauf zugreifen dürfen, legen Sie in dieser Unterkategorie fest. Als Erstes sollten Sie Ihre Identität bestätigen. Windows überprüft hierbei, ob tatsächlich Sie die Person sind, die gerade an Ihrem Rechner sitzt, und nicht etwa ein Unbefugter, der sich den Zugang erschleichen will. Klicken Sie zunächst auf „Bestätigen“. Nun können Sie wählen, ob Sie einen Zahlencode an eine bestimmte Mail-Adresse oder als Kurznachricht an Ihr Mobiltelefon geschickt bekommen möchten. Alternativ können Sie Ihre Identität auch online verifizieren, die erstgenannten Optionen sind aber der bequemere Weg. Geben Sie den siebenstelligen Code, den Ihnen Microsoft für gewöhnlich innerhalb von Sekunden an die gewünschte Adresse schickt, in das dafür vorgesehene Feld ein und bestätigen Sie die Eingabe. Bestimmte Einstellungen unter „Ihr Konto“ stehen Ihnen nur dann zur Verfügung, wenn Sie Ihre Identität wie beschrieben verifiziert haben. Unter „Anmeldeoptionen“ können Sie unter anderem das Kennwort Ihres Microsoft-Kontos ändern oder eine PIN-Nummer erstellen, damit Sie sich schneller anmelden können.

Zeit und Sprache. Falls Sie dies nicht schon bei der Installation getan oder eine falsche Einstellung vorgenommen haben, können Sie hier nun Datum und Uhrzeit, Region und Sprache sowie die Optionen für die Spracherkennung (siehe auch ► Seite 62) anpassen. Unter „Sprache" legen Sie zunächst die Windows-Anzeigesprache fest. Ist die gewünschte Sprache nicht dabei, klicken Sie auf „Bevorzugte Sprache hinzufügen" und wählen Sie Ihre Wunschsprache (wobei Sie auch mehrere verschiedene Sprachpakete installieren können). Unter „Region" geben Sie durch einen Klick auf die Schaltfläche an, wo Sie sich gerade aufhalten. Das spielt eine Rolle für lokale Inhalte von Apps, die sich nach Ihrem Aufenthaltsort richten. Verfügt Ihr Gerät über GPS, ermitteln die Apps selbst, wo Sie gerade sind – sofern Sie das in den App-Einstellungen zugelassen haben. Die Unterkategorie „Datum und Uhrzeit" spricht für sich, es geht um Datum, Uhrzeit, Zeitzone und die automatische Anpassung der Sommerzeit. Klicken Sie auf die Schaltfläche unter „Uhrzeit automatisch festlegen", um diese Option ein- oder auszuschalten. Klicken Sie auf die Schaltfläche unter „Zeitzone automatisch festlegen", wenn Sie diese manuell ändern wollen. Über den Hyperlink „Datum, Uhrzeit und regionale Formatierung", können Sie festlegen, in welcher Form diese Angaben angezeigt werden sollen. Zusätzliche Optionen finden Sie unter dem Hyperlink „Uhren für unterschiedliche Zeitzonen hinzufügen". Zurück in die Kategorien-Auswahl gelangen Sie immer über den Pfeil oben links.

Spielen. Richtet sich eher an passionierte Spieler. Hier legen Sie die Einstellungen für die neue „Spielleiste" von Windows 10 mit, mit der Sie im laufenden Spiel Screenshots oder Videos aufnehmen können. Aktivieren Sie „Spielmodus", damit Windows automatisch die besten Einstellungen für Videospiele wählt.

Erleichterte Bedienung. Wichtige Anzeigeoptionen und Audioeinstellungen für Hörgeschädigte. Lesen Sie mehr auf ► Seite 150.

Cortana. Einstellungen für die Sprachassistentin. Insbesondere auch wichtig hinsichtlich Datenschutzfragen. Lesen Sie dazu ab ► Seite 70.

Datenschutz. Alle relevanten Einstellungen für den Datenschutz, die Sie auf diesem Weg auch nach der Installation anpassen können. Lesen Sie dazu ausführlich ab ► Seite 57.

Update und Sicherheit. Eine der wichtigsten Kategorien in den „Einstellungen" – wenn nicht überhaupt die wichtigste. Hier steuern Sie die regelmäßige Runderneuerung von Windows 10 (siehe ► Seite 165ff), legen Sicherheitsoptionen fest (siehe ► Seite 179ff), sichern Sie Ihre Daten (siehe ► Seite 193ff) oder starten eine Problembehandlung (siehe ► Seite 207ff).

Windows 10 aktivieren

Ist Windows 10 erfolgreich installiert, kann man seine Version unter „Update und Sicherheit" und „Aktivierung" aktivieren. Dazu gibt man den vorhandenen Product Key ein oder kauft ihn direkt über den Microsoft-Store (siehe ► Seite 23f). Misslingt die Eingabe, wird automatisch eine Nummer angezeigt, über die man Windows 10 telefonisch aktivieren kann.

Datenschutzeinstellungen

Die Neugierde kann man Windows 10 zwar nicht vollständig abgewöhnen, doch so weit wie möglich, sollten Sie die Datenübermittlung beschränken.

Windows 10 ist ein Betriebssystem, das gerne „nach Hause telefoniert“. So lautet die beschönigende Formulierung dafür, dass eine recht umfangreiche Übermittlung von Nutzungsdaten in Richtung Microsoft stattfindet – anonymisiert zwar, aber was bringt das schon, wenn ein bestimmtes Gerät mit einem bestimmten Benutzerkonto in Verbindung gebracht werden kann? Die Daten werden ausgewertet, um beispielsweise das Produkt zu verbessern, um den Nutzern mehr Komfort zu bieten, aber auch um auf die persönlichen Interessen abgestimmte Werbung bereitzustellen. Verständlicherweise ist nicht jeder von dieser Vorgangsweise begeistert.

Als Alternative bietet sich an, statt des Microsoft-Kontos ein lokales Konto zu verwenden (siehe ► Seite 40). Damit verzichten Sie aber auf die nur mit Internetanbindung verfügbaren Features wie die Synchronisation von Einstellungen, Browser-Lesezeichen etc. über mehrere Geräte hinweg, den Online-Speicher OneDrive oder die Installation von Apps aus dem Microsoft Store. Gehen Sie nicht davon aus, dass dadurch überhaupt keine Daten mehr an Microsoft übermittelt werden. Die Nachverfolgbarkeit Ihrer Aktivitäten und vor allem deren Zuordenbarkeit zu einer bestimmten Person ist jedoch eingeschränkt, weil beim lokalen Konto keine automatische Anmeldung bei den genannten Diensten (sowie weiteren, wie etwa der Karten-App) stattfindet.

Nicht zuletzt als Folge herber Kritik von Datenschützern an den frühen Versionen von Windows 10 haben Sie in jedem Fall die Möglichkeit, den unerwünschten Datenfluss zu reduzieren, was Sie unbedingt tun sollten. Wir schreiben bewusst „reduzieren“, dann vollständig abdrehen lässt sich die Kommunikation zwischen Ihrem Computer und Microsoft nicht. Ärgerlicher Nebenaspekt: Selbst wenn man meint, alles Notwendige getan zu haben, findet sich an anderer Stelle der Einstellungen ein Schlupfloch, das man gesondert schließen muss. Diese Unübersichtlichkeit sorgt für Verwirrung und zusätzlichen Aufwand. Beides ist unnötig und wäre vermeidbar, ist aber offenbar nicht im Interesse des Anbieters.

Im Prinzip haben Sie bereits während der Ersteinrichtung des Gerätes die Gelegenheit, in die Standardkonfiguration einzugreifen (siehe ► Seite 51). Meist steht zu diesem Zeitpunkt allerdings der Wunsch im Vordergrund, rasch einen reibungslos funktionierenden Computer vor sich zu haben und dabei nicht über die Bedeutung diverser Optionen nachdenken zu müssen. Problem stellt dies insofern keines dar, als Sie über die Windows-Einstellungen das Versäumte jederzeit in Ruhe nachholen können – je eher, desto besser, natürlich.

Zu den Einstellungen gelangen Sie, indem Sie in der Taskleiste links unten auf das Windows-Fenster-Symbol (Start-Button) klicken und danach auf das Zahnrad-Symbol (= „Einstellungen"). Im neuen Fenster wählen Sie „Datenschutz". Im Folgenden arbeiten wir die Auflistung, die Sie dort in der linken Spalte – in sich gegliedert in die Windows- und die App-Berechtigungen – finden, systematisch ab.

Allgemein

Unter „Allgemein", „Datenschutzoptionen ändern" gibt es vier Optionen, die Sie im Grunde alle deaktivieren können. Sehen wir uns an, welche Auswirkungen das hat.

Werbe-ID. Das Kürzel ID steht für eine eindeutige Identifikationsnummer, die Ihnen im Hintergrund zugeteilt wird und Informationen zu Ihrem App-Nutzungsverhalten (App = Anwendung, Programm) bereitstellt. Entwickler können darauf zugreifen und innerhalb von Apps Werbung einblenden, die auf Ihre Interessen abgestimmt ist. Das Deaktivieren der Option bedeutet nicht, dass die Werbeeinblendungen generell entfallen. Diese basieren dann aber nicht mehr auf Ihrem Nutzungsverhalten, weil Ihre Werbe-ID gelöscht wird. **Achtung!** Die Werbe-ID wird lediglich für Apps verwendet, nicht aber für Webseiten. Das Deaktivieren hat daher keine Auswirkungen auf Seiten, die Sie im Internet-Browser (z.B. dem vorinstallierten Edge) aufrufen. Möchten Sie dort die Werbung und Aktivitätenverfolgung unterbinden, müssen Sie zusätzliche Maßnahmen setzen (siehe ► Seite 74).

Sprachliste. Eine reine Komfortfunktion, bei der es um die Zugriffserlaubnis für Webseiten auf die auf Ihrem Gerät installierten Sprachpakete (siehe ► Seite 55) geht. Ein Beispiel für die Funktionsweise: Sie fahren nach Florenz, die von Ihnen aufgerufene Webseite der dortigen Touristeninformation stellt Ihren Aufenthaltsort fest, erkennt das italienische Sprachpaket auf Ihrem Gerät, geht folglich davon aus, dass Sie die Sprache beherrschen und stellt sich selbst ohne Ihr Zutun auf Landessprache um.

Starten von Apps. Gleichfalls eine Komfortfunktion auf Basis Ihrer Nutzungsgewohnheiten. Windows legt im Start-Menü automatisch eine Liste jener Apps an, die Sie am häufigsten verwenden, damit Sie beim nächsten Mal rasch darauf Zugriff haben. Es wäre allerdings naiv, davon auszugehen, dass diese Informationen lokal auf dem Gerät bleiben und nicht auch von Microsoft ausgewertet werden. Für den Anbieter ist es auf jeden Fall interessant zu wissen, womit die Nutzer am liebsten arbeiten.

Vorgeschlagene Inhalte. Werbeeinblendungen der anderen Art, ausgehend von Microsoft. Dabei kann es sich um Tipps die Windows-Einstellungen betreffend handeln, aber genauso um neue Apps, die Ihnen – natürlich auf Basis Ihrer Nutzungsgewohnheiten – schmackhaft gemacht werden sollen. Auf solche von Microsoft ausgewählten Vorschläge stoßen Sie in Windows 10 an mehreren Stellen. Bitte beachten Sie dazu den Kasten auf ► Seite 65.

Spracherkennung

Hier geht es um die sogenannte cloudbasierte oder Online-Spracherkennung. Diese greift nicht auf Software zurück, die lokal auf dem Computer installiert ist, sondern Spracheingaben (z.B. Befehle oder Textdiktate) werden zwecks Analyse und laufender Verbesserung des Services für alle Nutzer per Internet an Microsoft geschickt. Die Deaktivierung der Online-Spracherkennung erhöht den Datenschutz, verhindert aber zugleich die Nutzung bestimmter Dienste, wie etwa der Sprachassistentin Cortana (siehe ► Seite 70). Auch funktioniert die Online-Spracherkennung besser als die vorinstallierte, d.h. die Erkennungsrate ist höher, weil nur hier auch eine Lernfähigkeit des Systems gegeben ist. Bitte beachten Sie zum Thema Spracherkennung auch den Punkt „Diagnose und Feedback" auf ► Seite 63.

Freihand- und Eingabeanpassung

Windows kann ein lokales Benutzerwörterbuch auf Grundlage Ihrer Texteingaben bzw. (bei Geräten mit Touchscreen) Ihrer handschriftlichen Eingaben erstellen, um Wortvorschläge bzw. -ergänzungen einzublenden, wie man sie vom Smartphone kennt. Im Prinzip haben ausschließlich Sie, nach Anmeldung mit Ihrem persönlichen Benutzerkonto auf Ihrem Gerät, Zugriff auf dieses Wörterbuch. Ein mögliches Datenschutzproblem (weil z.B. auch Personennamen gespeichert werden) wird in zwei Fällen daraus: Erstens, wenn Sie den Online-Speicher OneDrive zum Synchronisieren mit anderen von Ihnen genutzten Windows-Geräte verwenden (siehe ► Seite 73), weil in diesem Fall der Inhalt Ihres Benutzerwörterbuchs zu Microsoft hochgeladen wird. Und zweitens, wenn Sie unter dem

Punkt „Diagnose und Feedback“ (siehe unten) Einstellungen wählen, welche die Übermittlung an Microsoft ermöglichen.

Diagnose und Feedback

Wie zu Beginn des Kapitels erwähnt, gibt es kein vollständiges Abdrehen des Datenflusses zu Microsoft, sondern lediglich eine Reduktion auf das Wesentliche. Folglich kommt unter dem Punkt „Diagnose und Feedback“ auch nur eine Option infrage, nämlich **Standard**. Das verhindert zugleich, dass Sie irrtümlich die **Freihand- und Eingabedaten** an Microsoft senden, weil diese Möglichkeit in der Standardeinstellung gar nicht vorgesehen ist. Betroffen sind neben den schriftlichen auch die mündlichen Eingaben bei Nutzung der Spracherkennung (siehe ► Seite 62).

Die Option **Individuelle Benutzererfahrung** wiederum ist einmal mehr eine Umschreibung für personalisierte Vorschläge, Tipps und Empfehlungen auf Basis Ihrer Nutzungsgewohnheiten und kann ruhig ausgeschaltet werden.

Wenn Sie **Diagnosedaten anzeigen** aktivieren, können Sie jene Informationen einsehen, die auch an Microsoft übermittelt werden (Sie müssen dazu einmalig über den angezeigten Link die Diagnosedaten-App „Diagnostic Data Viewer“ aus dem Microsoft-Store herunterladen). Allerdings werden Sie ohne tiefergehendes Computerwissen vermutlich wenig damit anfangen können. Und es handelt sich immer nur um die akutell verfügbaren Daten, nicht um einen weiter zurückreichenden Verlauf.

Auch die Option **Diagnosedaten löschen** verspricht mehr, als sie letztlich halten kann. Microsoft löscht von den Unternehmenssevern ausschließlich Daten, die dem Gerät zugeordnet sind. Nicht gelöscht werden zusätzliche Diagnosedaten, die mit Ihrem Benutzerkonto verknüpft sind. Diese können Sie in Ihrem Datenschutz-Dashboard verwalten (siehe ► Seite 68), das Sie extra über den Browser aufrufen müssen.

Mit dem Feedback-Hub hat Microsoft für die Nutzer eine Möglichkeit geschaffen, direkte Rückmeldungen zu ihren Erfahrungen mit dem Betriebssystem zu geben. Windows 10 ist so konfiguriert, dass es regelmäßig nachfragt. Unter **Feedbackhäufigkeit** können Sie größere Intervalle auswählen bzw. die Funktion deaktivieren.

Bleibt noch die Option **Empfohlene Problembehandlung**. Aufgrund der Diagnosedaten erkennt Microsoft, ob auf einem Gerät Probleme auftreten und versucht diese zu beheben. Sie können diese Funktion nicht abschalten, sondern lediglich den Ablauf beeinflussen bzw. in welcher Form Sie darüber informiert werden.

Aktivitätsverlauf

Beim Aktivitätsverlauf (auch: Timeline, Zeitachse) handelt es sich an sich um eine praktische Funktion, die einem dabei hilft, Aktivitäten zu einem späteren Zeitpunkt (eventuell auch auf einem anderen Gerät) wieder aufzunehmen. Klicken Sie in der Taskleiste am unteren Bildrand auf das Symbol namens Aktive Anwendungen (auch: Taskansicht): Nun sehen Sie in einer Übersicht die verwendeten Desktops (Windows 10 erlaubt ja die parallele Nutzung mehrerer davon, siehe ► Seite 93) und die im aktuell markierten Desktop geöffneten Programmfenster. Unterhalb befindet sich der Aktivitätsverlauf, der bis zu 30 Tage zurückreicht, sofern Sie Microsoft Zugriff auf die Daten erlauben.

Möchten Sie den Datenfluss lieber reduzieren, dann klicken Sie auf „(Windows-Symbol)/ Einstellungen/Datenschutz/Aktivitätsverlauf". Stellen Sie sicher, dass das Feld vor „Meinen Aktivitätsverlauf an Microsoft senden" leer ist. Wenn Sie zusätzlich oberhalb („Meinen Aktivitätsverlauf auf diesem Gerät speichern") das Häkchen entfernen, werden Ihre Aktivitäten auch lokal nicht gespeichert. Der Schalter bei „Aktivitäten aus diesen

Windows-Vorschläge deaktivieren

In den Einstellungen von Windows 10, unter „Datenschutz" und „Allgemein" (siehe ► Seite 60) sowie unter „Diagnose und Feedback" und „Individuelle Benutzererfahrung" (siehe ► Seite 63) haben wir das Einblenden von vorgeschlagenen Inhalten, Tipps und personalisierten Empfehlungen bereits angesprochen. Solche Werbeeinschaltungen in eigener Sache vonseiten Microsofts findet man in Windows 10 an weiteren Stellen. Bleiben wir in den Einstellungen: Gehen Sie zu „Personalisierung" und „Start" und deaktivieren Sie „Gelegentlich Vorschläge im Start-Menü anzeigen".
Unter dem Menüpunkt „System" wiederum finden Sie den Unterpunkt „Benachrichtigungen und Aktionen". Dort können Sie nicht nur die Einstellungen des Benachrichtungsassistenten anpassen, sondern auch durch Entfernen der Häkchen das Einblenden von Tipps, Tricks, Neuigkeiten und Vorschlägen unterbinden. Unter „System" ist außerdem der Unterpunkt „Multitasking" interessant. Dort deaktivieren Sie die Option „Vorschläge in der Zeitachse anzeigen".
Bleibt noch der Dateimanager (Windows-)Explorer (siehe ► Seite 99f). Öffnen Sie das Explorer-Fenster durch Klick auf das Ordner-Symbol in der Taskleiste am unteren Bildschirmramd, klicken Sie in der Menüleiste auf „Datei", darunter auf „Ordner- und Suchoptionen ändern", wählen Sie im nächsten Fenster den Karteireiter „Ansicht" und deaktivieren Sie das Kästchen „Benachrichtigungen des Synchronisierungsanbieters anzeigen". Bestätigen Sie mit „OK".

Konten anzeigen" blendet die Aktivitäten lediglich ein oder aus, hat aber keinen Einfluss auf deren Speicherung. Unterhalb haben Sie die Möglichkeit, den bereits vorhandenen Aktivitätsverlauf zu löschen.

App-Berechtigungen

Zunächst einmal Grundlegendes: So wie auf dem Smartphone gibt es auch auf Geräten mit Windows 10 die sogenannten App-Berechtigungen, die installierten Apps/Programmen Zugriff auf bestimmte Informationen bzw. Funktionen geben. Und wie auf dem Smartphone gibt es Berechtigungen, die für das wunschgemäße Funktionieren einer App notwendig sind (z.B. Zugriff auf Kamera und Mikrofon beim Videotelefonat), solche, die als Komfortfunktionen einzustufen sind (Zugriff auf Ihre Kontakte bei Navigations-Apps), und solche, deren Vorhandensein man in fast allen Fällen hinterfragen darf (etwa den Zugriff auf Ihre Kontoinformationen).

In der Regel ist es trotzdem nicht sinnvoll, einzelne Berechtigungen komplett abzudrehen. Eine Ausnahme vielleicht: Wenn Ihr Computer niemals das Haus verlässt und Sie ihn folglich nicht zum Navigieren verwenden, dann ist es auch nicht notwendig, dass die Zugriffsmöglichkeit auf den Standort (Position) des Gerätes aktiviert ist.

Die üblichere Vorgangsweise wird jedenfalls sein, die generelle Berechtigung aktiviert zu lassen und dann den unter dieser Berechtigung aufgelisteten Apps individuell die Zugriffsmöglichkeit zu belassen oder zu entziehen. Microsoft liefert zu jedem Punkt kurze Informationen, die im Großen und Ganzen hilfreich sind; zudem finden Sie im Internet mehr zum Thema, wenn Sie rechts auf den Link „Weitere Informationen" klicken. Es kann auch sein, dass unter einer oder mehreren Berechtigungen (noch) keine App aufscheint.

Das passiert dann, wenn Sie bisher keine App in Verwendung haben, welche diese Berechtigungen benötigt bzw. eingefordert hat. Das bedeutet aber auch, dass Sie nach der Installation oder Aktualisierung von Software deren Berechtigungen sicherheitshalber überprüfen sollten.

Im Übrigen hat sich die Versuch-und-Irrtum-Methode bewährt. Entziehen Sie einer App der Reihe nach die Berechtigungen, bis sie nicht mehr ordnungsgemäß funktioniert. Wenn Sie damit leben können, dass Sie eine bestimmte Berechtigung wieder erteilen müssen, um die App zu verwenden, dann tun Sie es. Andernfalls müssen Sie auf die Verwendung der App verzichten.

Abschließend noch ein paar konkrete Anmerkungen zum Datenschutz und den App-Berechtigungen: Seien Sie, so wie bei der schon oben erwähnten **Position** und den **Kontoinformationen**, besonders zurückhaltend bei der Zugriffserlaubnis auf **Kamera, Mikrofon, Kontakte** und **Kalender**. Bei Windows-Geräten, die Sie außer Haus nehmen, sollten Sie unbedingt dem Punkt **Weitere Geräte** Beachtung schenken und dort die Option „Mit nicht gekoppelten Geräten kommunizieren" ausschalten. Ansonsten könnten nämlich z.B. Beacons, also Minisender, die mittlerweile in manchen Supermärkten oder Einkaufszentren zum Einsatz kommen, zu Ihrem Gerät Kontakt aufnehmen, feststellen, wo Sie sich wie lange aufhalten und Sie mit Werbung „beglücken".

Hintergrund-Apps, also die Möglichkeit, dass eine App auch bei Nichtverwendung im Hintergrund Informationen aktualisiert, hat weniger mit Datenschutz zu tun als mit dem Energiesparen zwecks Verlängerung der Akkulaufzeit. Es erklärt sich meist von selbst, für welche Apps die Hintergrundaktualisierung sinnvoll oder zumindest praktisch ist, wie etwa Alarm & Uhr, Karten (nur beim Navigieren), Nachrichten und Wetter. Auch der Windows-Sicherheit sollten Sie die Hintergrund-Aktualisierung erlauben. Mail und Kalender ist ein Mischfall, denn das zeitnahe Eintreffen aktueller Mails ist vermutlich wünschenswert. Beim Kalender ebenso wie bei den Kontakten, Microsoft Edge oder auch

Office ist es nur dann relevant, wenn Sie mit Ihrem Benutzerkonto auf mehreren Geräten angemeldet sind und somit eine Synchronisierung der Daten erfolgt.

Vollständig deaktivieren können Sie die Berechtigung **App-Diagnose**. Ausnahme: Falls Sie die auf ► Seite 63 erwähnte Diagnosedaten-App verwenden, müssen Sie den Zugriff auf die App-Diagnoseinformationen grundsätzlich zulassen, deaktiveren dann aber auf jeden Fall die unterhalb befindliche Option der Zugriffserlaubnis für Apps über Ihre anderen Apps.

Datenschutz-Dashboard

Der englische Begriff Dashboard bedeutet Instrumententafel oder Armaturenbrett. In Anlehnung daran wird er auch für Internetseiten verwendet, die einen Überblick über diverse Einstellungen bieten sowie die Möglichkeit, dort manuell einzugreifen. Zu Ihrem persönlichen Windows-Datenschutz-Dashboard gelangen Sie auf zwei unterschiedlichen Wegen: Sie können in der Taskleiste links unten auf das Windows-Fenster-Symbol klicken und danach auf das Zahnrad-Symbol. Im neuen Fenster wählen Sie „Datenschutz" und in der rechten Spalte „Datenschutz-Dashboard". Alternativ geben Sie im Adressfeld des Browsers direkt die Adresse https://account.microsoft.com ein. Entweder wurden Sie ohnehin bereits automatisch angemeldet, oder Sie müssen mit Ihren Benutzerdaten in Ihr Microsoft-Konto einsteigen.

Auf jeden Fall klicken Sie danach in der oberen Menüleiste der Konto-Startseite auf „Datenschutz". Dort finden Sie jene gespeicherten Daten, die nicht mit Ihrem Gerät (siehe „Diagnosedaten löschen", ► Seite 63), sondern mit Ihrem Microsoft-Konto verknüpft sind. Sie befinden sich zunächst in der **Übersicht**. Wenn Sie nach unten scrollen, finden

Sie eine Auflistung jener Apps, welche Aktivitäten aufzeichnen. Klicken Sie auf eine der Schaltflächen, z.B. „Browserverlauf anzeigen und löschen" oder wechseln Sie in der ungefähr in der Mitte der Seite angezeigten Menüleiste direkt zu **Aktivitätsverlauf**. Hier können Sie nun nach Datentyp filtern oder „Alle Datentypen" anzeigen lassen, um zu sehen, welche Apps Sie wann benutzt haben, welche Suchanfragen Sie gestellt haben oder welche Internetseiten Sie aufgesucht haben. Diese und damit zusammenhängende weitere Informationen wurden an Microsoft übermittelt.

Sollten Sie dort keine Einträge finden, obwohl Sie Ihren Computer insgesamt schon länger als ein paar Stunden in Betrieb haben, dann umso besser, denn dann haben Sie vermutlich bereits die von uns empfohlenen Einstellungen vorgenommen. Keine Daten werden etwa dann protokolliert, wenn Sie sich nicht mit Ihrem Microsoft-Konto sondern mit einem lokalen Konto (siehe ▶ Seite 40) angemeldet haben. Der Browserverlauf wird nur dann erfasst, wenn Sie in den Windows-Einstellungen Cortana aktiviert haben und in Cortana selbst ebenfalls den Verlauf (siehe ▶ Seiten 70 und 71). Den Suchverlauf wiederum finden Sie nur dann, wenn Sie Microsofts Suchmaschine Bing verwenden und dort mit Ihrem Konto angemeldet sind.

Solange Sie den Aktivitätsverlauf nicht gelöscht haben, haben Sie in der Menüzeile über **Daten herunterladen** die Möglichkeit, eine Kopie dieser Daten abzuspeichern. Klicken Sie dazu auf die Schaltfläche „Neues Archiv erstellen" und treffen Sie eine Auswahl. Die Archiverstellung kann einige Zeit in Anspruch nehmen.

Die Aufzeichnungen unter **Cortanas Notizbuch** sind nur dann relevant, wenn Sie Microsofts Sprachassistentin verwenden (siehe ▶ Seite 70).

Unter **Einstellungen für Anzeigen** haben Sie ein paar Optionen betreffend die personalisierte, interessenbezogene Werbung (siehe auch „Werbe-ID, ▶ Seite 60). Auch hier gilt, dass sich Werbeeinblendungen damit nicht generell abstellen lassen, sondern nur der Bezug zu Ihren persönlichen Online-Aktivitäten wegfällt.

Cortana beschränken

Ob Sie Microsofts Sprachassistentin verwenden oder nicht, ändert nichts daran, dass sie im Hintergrund aktiv ist. Sie lässt sich nur mit einem Trick komplett abschalten, der über das Basiswissen am Computer hinausgeht. Wenn Sie möchten, können Sie nach einschlägigen Anleitungen googeln; da sich dieses Buch primär an durchschnittlich versierte Nutzer richtet, gehen wir hier nur auf jene standardmäßig vorhandenen Möglichkeiten ein, mit denen man Cortana weitgehend einschränken kann. Wobei wir vorausschicken müssen, dass Sie um eine grundlegende Entscheidung nicht herumkommen: Entweder Sie nutzen Cortana und nehmen die Übertragung von Daten an Microsoft in Kauf, oder Sie verzichten komplett auf die Sprachassistentin.

Möchten Sie Cortana keinesfalls verwenden, dann klicken Sie in der Taskleiste links unten auf das Windows-Fenster-Symbol, das Zahnrad-Symbol und danach auf „Cortana". Unter dem Punkt **Mit Cortana sprechen** stellen Sie alle Schalter auf „Aus". Unter **Berechtigungen** gibt es zwei Szenarien, das heißt, entweder ist Cortana bereits mit Ihrem Microsoft-Konto verknüpft oder sie ist es ohnehin nicht.

Cortana ist nicht verknüpft. Ist sie nicht verknüpft (andernfalls melden Sie sich bitte ab), finden Sie unterhalb lediglich einen einzelnen Link namens „Informationen verwalten, auf die Cortana von diesem Gerät zugreifen darf". Klicken Sie darauf und deaktivieren Sie alle dort aufgelisteten Optionen. Gehen Sie danach unter „Einstellungen" zu „Datenschutz"

und entziehen Sie Cortana unter den „App-Berechtigungen" (siehe auch ► Seite 66) die Zugriffsmöglichkeit aufs Mikrofon. Anschließend führen Sie einen Rechtsklick auf die Taskleiste aus und entfernen den Haken bei „Cortana-Schaltfläche anzeigen". Das kreisförmige Symbol in der Taskleiste ist nun nicht mehr sichtbar, und Sie können Cortana auch nicht mehr unbeabsichtigt aufrufen. Zuletzt starten Sie den Edge-Browser, klicken auf die drei Punkte rechts oben, auf „Einstellungen" sowie „Erweitert" und scrollen in der rechten Spalte des Fensters ganz nach unten. Dort deaktivieren Sie unter der Überschrift „Cortana" die Option „Cortana soll mich bei Microsoft Edge unterstützen".

Cortana ist mit Ihrem Microsoft-Konto verknüpft bzw. Sie melden sich an. Dies ist, wie gesagt, nur dann sinnvoll, wenn Sie die Sprachassistentin aktiv verwenden möchten. Wobei Sie zwar auch in diesem Fall nicht zwingend den vollen Umfang der Berechtigungen erteilen müssen, dadurch aber zugleich den Nutzen von Cortana beschneiden. Erforderlich ist auf jeden Fall der Zugriff aufs Mikrofon. Dieser darf für Cortana auch in den Datenschutz-Einstellungen bei den „App-Berechtigungen" (siehe ► Seite 66) nicht unterbunden sein. Die von Ihnen bei der Cortana-Nutzung verwendeten Sprachbefehle werden in jedem Fall an Microsoft übertragen, weil sie online verarbeitet werden.

Wenn Cortana in dieser Form mit Ihrem Microsoft-Konto verknüpft ist, finden Sie unter dem Punkt **Berechtigungen** gleichfalls den auf ► Seite 70 erwähnten Link „Informationen verwalten, auf die Cortana von diesem Gerät zugreifen darf". Klicken Sie darauf und treffen Sie eine Auswahl (wobei jede Beschränkung auch den praktischen Nutzen von Cortana reduziert). Abhängig von den getroffenen Einstellungen scheinen unter den Berechtigungen weitere Links auf, nämlich „In der Cloud ändern, was Cortana über mich weiß" und „Informationen verwalten, auf die Cortana von anderen Diensten zugreifen darf". Diese „anderen Dienste" stammen entweder von Microsoft selbst (wie z.B. Office oder Skype), oder es handelt sich um Drittanbieter-Dienste wie Gmail oder Spotify. Ein Klick auf den Link öffnet das „Notizbuch" von Cortana, wo Sie Verknüpfungen mit solchen Diensten, bei denen Sie bereits ein Benutzerkonto besitzen, herstellen (und wieder aufheben) können. Auch auf diese Weise erweitern Sie den Funktionsumfang von Cortana.

Die Möglichkeiten unter „In der Cloud ändern, was Cortana über mich weiß" sind mit jenen des Datenschutz-Dashboards (siehe ► Seite 68) vergleichbar, das heißt, Sie können hier die gespeicherten Daten und Verläufe einsehen und löschen.

Achtung! Unter **Mit Cortana sprechen** finden Sie unter anderem die Option, dass Cortana auf die Signalwörter „Hey Cortana" reagiert. Wie bei allen Sprachassistenten (z.B. Alexa von Amazon, Google Assistant oder Siri von Apple) bedeutet dies, dass Cortana dann ständig mitlauscht, um die Signalwörter nicht zu verpassen. Und wie bei allen vergleichbaren Diensten stellt sich somit die Frage, ob nicht auch in dieser Warteposition Sprachinformationen an den Anbieter übertragen werden – eine eindeutige Antwort darauf gibt es bisher nicht.

Im Zusammenhang mit den von Cortana gespeicherten Daten sollten Sie jedenfalls online einen Blick in das auf ► Seite 68 beschriebene Datenschutz-Dashboard (Punkt „Cortanas Notizbuch") werfen. Dort haben Sie auch die Möglichkeit die Cortana-Daten komplett zu löschen.

Suche und Suchverlauf

Die integrierte Windows-Suche (Windows Search) hat sich längst von der internen Suchfunktion zur Universalsuche entwickelt, welche die lokalen Dateien und Apps auf dem Computer ebenso berücksichtigt wie Ergebnisse aus dem Internet und von Microsofts

Online-Speicherdienst OneDrive (sofern Sie diesen überhaupt nutzen und die Suche dort zulassen). Gehen Sie unter den „Einstellungen" von Windows 10 zum Punkt „Suche". Unter **Berechtigungen & Verlauf** finden Sie zunächst drei Filteroptionen betreffend nicht jugendfreie Inhalte aus dem Internet. Wählen Sie hier nach Ihrem Ermessen. Gleiches gilt für das Durchsuchen von Cloudinhalten. Ganz unten stehen dann die Optionen für den Verlauf. Im Sinne des verbesserten Datenschutzes stellen Sie die Schalter beim Geräteverlauf sowie beim Suchverlauf auf „Aus". Klicken Sie auf die Schaltfläche „Meinen Geräteverlauf löschen". Der Link unterhalb der Suchverlauf-Option öffnet den Browser und führt zum Datenschutz-Dashboard (siehe ► Seite 68). Unter **Windows durchsuchen** genügt es, die Einstellung auf „Klassisch" zu belassen.

Einstellungen synchronisieren

Das Synchronisieren von Einstellungen, als Option zu finden in den Windows-Einstellungen unter dem Punkt „Konten", ist womöglich dann interessant, wenn Sie mit demselben Microsoft-Konto bei mehreren unterschiedlichen Geräten angemeldet sind. Achten Sie in diesem Zusammenhang bitte darauf, dass die Ausführung der verwendeten Apps im Hintergrund zugelassen ist (siehe „Hintergrund-Apps", ► Seite 67). Die Synchronisation erfolgt natürlich über das Internet und den Cloudspeicher OneDrive. Bei Nichtnutzung schalten Sie die Synchronisierungseinstellungen unbedingt aus, andernfalls schieben Sie den Schalter nach rechts.

Bei den weiter unten zu findenden einzelnen Synchronisierungseinstellungen raten wir dazu, eine kleine Komforteinbuße hinzunehmen und die Kennwörter nicht zu synchronisieren, eben weil dies übers Internet läuft.

In diesem Zusammenhang beachten Sie bitte auch Folgendes: Für den Fall, dass Sie das Synchronisieren auf einem bestimmten Gerät wieder beenden, sollten Sie sich nach dem Abschalten der Synchronisation online bei Ihrem Microsoft-Konto anmelden (https://account.microsoft.com), dort unter „Geräte" das entsprechende Gerät suchen, auf „Weitere Aktionen" klicken sowie auf „Entfernen der Cloudsicherung für persönliche Einstellungen".

Die Synchronisierungseinstellungen haben übrigens keinen Einfluss auf die Nutzung von Office 365, das ja auf mehreren Geräten parallel eingesetzt werden kann. Ob hier eine Synchronisierung mit dem OneDrive erfolgt, hängt davon ab, ob Sie in Office mit Ihrem Microsoft-Konto angemeldet sind und ob Sie den OneDrive als Dateispeicherort ausgewählt haben. Zum Thema Synchronisation beachten Sie bitte auch den folgenden Abschnitt über den Edge-Browser.

Edge

Edge ist seit Windows 10 der vorinstallierte Microsoft-Browser. Er hat den altgedienten und mittlerweile nicht mehr mit Updates unterstützten Internet Explorer abgelöst. Melden Sie sich auf dem Computer mit Ihrem Microsoft-Konto an, werden Sie automatisch auch im Edge-Browser (sowie in der Bing-Suche, im OneDrive, im Microsoft-Store und in der Karten-App) angemeldet. Nutzen Sie hingegen ein lokales Konto „(Windows-Symbol)/Einstellungen/Konten/Ihre Infos/Stattdessen mit einem lokalen Konto anmelden" (siehe ► Seite 40), entfällt die automatische Anmeldung bei den genannten Microsoft-Diensten. Das bedeutet jedoch nicht, dass beim Internetsurfen gar keine Daten mehr an Microsoft und andere übermittelt werden.

Rund um den Redaktionsschluss dieses Buches hat Microsoft eine technisch komplett überarbeitete, neue Edge-Version veröffentlicht (zunächst einmal für einen beschränkten Kreis interessierter Nutzer). Diese Überarbeitung schlägt sich auch auf die Menüführung nieder. Da in der Übergangsphase zweifellos beide Versionen parallel zu finden sein werden, besprechen wir die beiden nun ebenfalls getrennt voneinander.

Alte Edge-Version

Klicken Sie auf die drei horizontal angeordneten Punkte rechts oben und danach im Menüfenster auf „Einstellungen". Unter **Allgemein** in der linken Leiste können Sie ganz unten das Synchronisieren ausschalten. Sollte diese Option in blassem Grau dargestellt und nicht klickbar sein, dann haben Sie bereits in den Windows-Einstellungen Änderungen hinsichtlich der Gerätesynchronisation vorgenommen (siehe „Einstellungen synchronisieren", ► Seite 73).

Klicken Sie nun in der linken Leiste das Schloss-Symbol, also **Datenschutz und Sicherheit** an. Bei den „Browserdaten" handelt es sich um Informationen, die im Zuge des Surfens üblicherweise auf dem Computer abgelegt werden und die auch dort verbleiben, sofern Sie nicht deren Übermittlung an Microsoft aktiviert haben. Letzteres betrifft im Prinzip alle in diesem Kapitel bereits besprochenen Einstellungen zu Synchronisation, Diagnose, Suche und Aktivitätenverlauf. Es ist wichtig, auf eine möglichst lückenlose Deaktivierung aller Optionen zu achten, weil man niemals sicher sein kann, durch welche Lücke doch noch Informationen nach außen dringen.

Wenn Sie auf die Schaltfläche „Zu löschendes Element auswählen" klicken, können Sie die vom Browser gespeicherten Daten vom Computer entfernen. Es ist aber nicht zwingend notwendig, dies regelmäßig (oder gar nach jeder Browser-Sitzung) zu tun, weil sich diese Daten ja lokal auf Ihrem Computer und nur in Ihrem persönlichen Konto befinden. Hin und wieder sollten Sie allerdings die „Websiteberechtigungen" auf ihre noch vorhandene Notwendigkeit hin kontrollieren (wobei die Standardeinstellungen in der Regel ohnehin in Ordnung gehen). Die „Cookies und Websitedaten" sowie „Zwischengepeicherte Daten und Dateien" zu löschen kann dann sinnvoll sein, wenn der Browser insgesamt spürbar langsamer wird.

Cookies sind übrigens kleine Textdateien, in denen besuchte Webseiten lokal auf der Computerfestplatte Informationen abspeichern, die beim erneuten Besuch automatisch wieder aufgerufen werden. Natürlich hat der Webseitenbetreiber ebenfalls Zugriff auf diese Informationen; andererseits ist dies in der Regel im beiderseitigen Interesse, weil ohne Cookies z.B. auch Online-Shops nicht korrekt funktionieren würden. Unwichtig ist hingegen, dass Informationen über Ihre Internetaktivitäten auch an Drittanbieter gehen, die mit der Webseite in keinem direkten Zusammenhang stehen. Wählen Sie daher unter „Datenschutz und Sicherheit", im Feld unter der Überschrift „Cookies", die Option „Nur Cookies von Drittanbietern blockieren."

Die unter dem Punkt „Datenschutz" genannten „Do-Not-Track-Anforderungen" können Sie ruhig deaktivieren, denn der Nutzen ist vernachlässigbar. Dabei wird dem Betreiber der Internetseite lediglich mitgeteilt, dass Sie keine Nachverfolgung Ihrer Aktivitäten über die aktuell aufgerufene Seite hinaus wünschen. Ob er sich daran hält oder nicht, liegt allein in seinem Ermessen.

Tipp. Möchten Sie die Nachverfolgung (= Tracking) sowie Werbeeinblendungen im Internet gezielt unterdrücken, dann lesen Sie bitte die folgenden beiden KONSUMENT-Artikel: www.konsument.at/computer-telekom/werbeblocker und www.konsument.at/werbeblocker-ghostery102019

Zurück zum Edge-Browser: „Such- und Websitevorschläge" sowie „Suchverlauf" sind Komfortfunktionen, auf die man ungern verzichtet. Der Suchverlauf verbleibt auf

Ihrem Computer, sofern Sie alle oben erwähnten Synchronisationseinstellungen deaktiviert haben. Allfällige bereits synchronisierte Daten verwalten Sie online über Ihr Datenschutz-Dashboard (siehe ► Seite 68). Die Such- und Websitevorschläge stammen zwar aus den an Microsoft übermittelten Nutzerdaten, aber auch hier gilt, dass Sie selber nach möglichst vollständiger Deaktivierung aller oben genannten Optionen nichts mehr dazu beitragen. Unbedingt abschalten sollten Sie die „Seitenvorhersage", denn hier wird nämlich, zwecks Beschleunigung des Surfens, zu errraten versucht, welche Webseite Sie als nächste öffnen werden. Natürlich kann dies nur gelingen, wenn zuvor Daten an Microsoft übermittelt wurden.

In der Kritik von Datenschützern steht die Funktion „Windows Defender SmartScreen". Auch wenn es sich an sich um eine Sicherheitsfunktion zur Erkennung schädlicher Webseiten und Apps/Programme handelt, raten wir, sie abzuschalten. Zu umfangreich ist der Datenfluss an Microsoft über Webseiten, die Sie besuchen und Apps, die Sie installiert haben. Außerdem sollten Sie sowohl mit dieser als auch ohne diese Funktion beim Surfen im Internet und beim Herunterladen von Daten aufmerksam und kritisch sein. Auch SmartScreen ist von einer hunderprozentig verlässlichen Erkennungsrate weit entfernt. In diesem Zusammenhang kann es zu (vorsorglichen) Warnmeldungen kommen, die den Nutzer erst recht verunsichern. Beachten Sie zur SmartScreen-Funktion zusätzlich die Einstellungsmöglichkeiten unter „Windows-Sicherheit" (siehe ► Seite 81).

Selbst wenn es sich bei **Kennwörter und AutoAusfüllen** um eine praktische und komfortable Funktion handelt: Wir raten generell davon ab, Passwörter, Kreditkarten- und andere persönliche Daten im Browser zu speichern, egal ob die Synchronisation aktiviert ist oder nicht. Sollte das Gerät in fremde Hände fallen – und damit sind auch mögliche Hacker- und Virenangriffe gemeint – könnte dies den Zugriff auf Ihre privaten Konten bzw. den Missbrauch Ihrer Kreditkarte deutlich erleichtern.

Wenn Sie ein Microsoft-Konto verwenden, klicken Sie abschließend auf das Schieberegler-Symbol, also **Erweitert**. Dort können Sie Microsofts Sprachassistentin Cortana (siehe auch ► Seite 70) in Edge abschalten.

Neue Edge-Version

Klicken Sie auf die drei horizontal angeordneten Punkte rechts oben und danach im Menüfenster auf „Einstellungen". In der linken Leiste finden Sie eine Liste von Menüpunkten, im Fenster rechts können Sie die dazugehörigen Einstellungsänderungen vornehmen.

Beim ersten Punkt der Liste handelt es sich um Ihr **Profil**. Wie oben erwähnt, sind Sie bei Nutzung des Microsoft-Kontos automatisch angemeldet. Neu ist, dass Sie die Möglichkeit haben, Ihr Profil vollständig aus Edge zu entfernen oder sich zumindest direkt in Edge abzumelden – und das zumindest dem ersten Anschein nach dauerhaft. Bleiben Sie hingegen angemeldet, können Sie unter „Synchronisieren" entweder diese Funktion ausschalten oder festlegen, welche Daten aus dem Browser geräteübergreifend synchronisiert werden sollen (zum Thema Synchronisation siehe auch „Einstellungen synchronisieren", ► Seite 73). Was das Speichern Ihrer „Kennwörter" (oder eigentlich der kompletten Anmeldedaten für diverse Webseiten) sowie Ihrer Zahlungsinformationen (= Kreditkartendaten) betrifft, handelt es sich zweifellos um praktische und komfortable Funktionen. Ein Klick genügt, und alle Daten sind online eingetragen (auch bekannt als „AutoAusfüllen"). Wir raten allerdings aus Sicherheitsgründen generell davon ab, Passwörter, Kreditkarten- und andere persönliche Daten im Browser zu speichern, egal ob die Synchronisation aktiviert ist oder nicht. Sollte das Gerät in fremde Hände fallen – und damit sind auch mögliche Hacker- und Virenangriffe gemeint – könnte dies den Zugriff auf Ihre privaten Konten bzw. den Missbrauch Ihrer Kreditkarte deutlich erleichtern.

Klicken Sie nun in der linken Leiste das Schloss-Symbol, also **Datenschutz und Dienste** an. Bei den „Browserdaten" handelt es sich um Informationen, die im Zuge des Surfens üblicherweise auf dem Computer abgelegt werden und die auch dort verbleiben, sofern Sie nicht deren Übermittlung an Microsoft aktiviert haben. Letzteres betrifft im Prinzip alle in diesem Kapitel bereits besprochenen Einstellungen zu Synchronisation, Diagnose, Suche und Aktivitätenverlauf. Es ist wichtig, auf eine möglichst lückenlose Deaktivierung aller Optionen zu achten, weil man niemals sicher sein kann, durch welche Lücke doch noch Informationen nach außen dringen.

Wenn Sie auf die Schaltfläche „Zu löschendes Element auswählen" klicken, können Sie die vom Browser gespeicherten Daten vom Computer entfernen. Es ist aber nicht zwingend notwendig, dies regelmäßig (oder gar nach jeder Browser-Sitzung) zu tun, weil sich diese Daten ja lokal auf Ihrem Computer und nur in Ihrem persönlichen Konto befinden.

Hin und wieder sollten Sie allerdings die „Websiteberechtigungen" auf ihre noch vorhandene Notwendigkeit hin kontrollieren (im neuen Edge zu einem eigenen Menüpunkt geworden, wobei die Standardeinstellungen in der Regel ohnehin in Ordnung gehen). Die „Cookies und Websitedaten" sowie „Zwischengepeicherte Daten und Dateien" zu löschen kann dann sinnvoll sein, wenn der Browser insgesamt spürbar langsamer wird.

Cookies sind übrigens kleine Textdateien, in denen besuchte Webseiten lokal auf der Computerfestplatte Informationen abspeichern, die beim erneuten Besuch automatisch wieder aufgerufen werden. Natürlich hat der Webseitenbetreiber ebenfalls Zugriff auf diese Informationen; andererseits ist dies in der Regel im beiderseitigen Interesse, weil ohne Cookies z.B. auch Online-Shops nicht korrekt funktionieren würden. Unwichtig ist hingegen, dass Informationen über Ihre Internetaktivitäten auch an Drittanbieter gehen, die mit der Webseite in keinem direkten Zusammenhang stehen. Aktivieren Sie daher in der linken Spalte bei den **Websiteberechtigungen** unter dem Punkt „Cookies", die Option „Cookies von Drittanbietern blockieren." Die grundsätzliche Erlaubnis zum Speichern und Lesen von Cookies lassen Sie bitte eingeschaltet.

Aber gehen wir noch einmal zurück zu **Datenschutz und Dienste**. Die unter dem Punkt „Datenschutz" genannten „Nicht-verfolgen-Anforderungen (Do not track)" können Sie ruhig deaktivieren, denn der Nutzen ist vernachlässigbar. Dabei wird dem Betreiber der Internetseite lediglich mitgeteilt, dass Sie keine Nachverfolgung Ihrer Aktivitäten über die aktuell aufgerufene Seite hinaus wünschen. Ob er sich daran hält oder nicht, liegt allein in seinem Ermessen. Die Option betreffend die Zahlungsinformationen deaktivieren Sie gleichfalls.

Tipp. Möchten Sie die Nachverfolgung (= Tracking) sowie Werbeeinblendungen im Internet gezielt unterdrücken, dann lesen Sie bitte die folgenden beiden KONSUMENT-Artikel: www.konsument.at/computer-telekom/werbeblocker und www.konsument.at/werbeblocker-ghostery102019.

Unter der Überschrift „Dienste" deaktivieren Sie nun „Webdienst zum Beheben von Navigationsfehlern verwenden".

In der Kritik von Datenschützern steht die Funktion „Windows Defender SmartScreen". Auch wenn es sich an sich um eine Sicherheitsfunktion zur Erkennung schädlicher Webseiten und Apps/Programme handelt, raten wir, sie abzuschalten. Zu umfangreich ist der Datenfluss an Microsoft über Webseiten, die Sie besuchen und Apps, die Sie installiert haben. Außerdem sollten Sie sowohl mit dieser als auch ohne diese Funktion beim Surfen im Internet und beim Herunterladen von Daten aufmerksam und kritisch sein. Auch SmartScreen ist von einer hunderprozentig verlässlichen Erkennungsrate weit entfernt. In diesem Zusammenhang kann es zu (vorsorglichen) Warnmeldungen kommen, die den Nutzer erst recht verunsichern. Beachten Sie zur SmartScreen-Funktion zusätzlich die Einstellungsmöglichkeiten unter „Windows-Sicherheit" (siehe ► Seite 81).

Klicken Sie zuletzt noch auf „Adressleiste", um zu den dortigen Optionen zu gelangen. Die „Such- und Websitevorschläge" sind eine Komfortfunktion, auf die man ungern verzichtet. Stellen Sie den Schalter aber auf „Aus", wenn Sie verhindern möchten, dass Daten über Ihren Computer hinaus an Dritte gelangen.

Bitte beachten Sie: Allfällige bereits synchronisierte Daten verwalten Sie immer online über Ihr Datenschutz-Dashboard (siehe ► Seite 68).

Windows Defender Antivirus/ Windows-Sicherheit

Unter dem Namen Windows Defender hat Microsoft schon zu Zeiten von Windows Vista ein kostenloses Programm zur Erkennung von Schadsoftware zum Download angeboten, das (damals noch) zusätzlich zum Virenschutz eines Drittanbieters verwendet werden konnte. Unter Windows 10 ist Windows Defender Antivirus fester Bestandteil des Betriebssystems und ein vollwertiges Virenschutzpaket, das sofort nach der Ersteinrichtung des Computers aktiv ist. Die Optionen dazu findet man mittlerweile in den Einstellungen unter der Bezeichnung „Windows-Sicherheit" als Unterpunkt zu „Update und Sicherheit". Und dorthin sollten Sie sich, im Interesse des Schutzes Ihrer Daten, begeben. Wobei Sie, wie bei jeder Art von Virenschutzsoftware, die Computersicherheit über den Datenschutz stellen sollten. Das bedeutet, dass auch wir die Einstellungsänderungen mit Maß und Ziel vornehmen werden.

Klicken Sie auf die Schaltfläche „Windows-Sicherheit öffnen". Nun erscheint in einem neuen Fenster eine Auflistung der verschiedenen Schutzbereiche. Klicken Sie in das Feld

„Viren- & Bedrohungsschutz" (aber nicht auf die darin befindliche graue Schaltfläche!). Hier gehen Sie zu den „Einstellungen für Viren- & Bedrohungsschutz" und klicken auf „Einstellungen verwalten". Der „Echtzeitschutz" muss auf jeden Fall aktiviert bleiben (bzw. lässt er sich ohnehin nur vorübergehend abschalten). Kein Muss, aber doch sinnvoll, ist die Option „Cloudbasierter Schutz", wohingegen Sie die „Automatische Übermittlung von Beispielen" deaktivieren können. Lassen Sie sich durch die nun aufscheinende Warnmeldung nicht verunsichern (es wird nicht die letzte sein). Den „Manipulationsschutz" sollten Sie wiederum eingeschaltet lassen und auch der „Überwachte Ordnerzugriff" ist eine sinnvolle Funktion.

Die Updates für den Viren- und Bedrohungsschutz werden zusammen mit den übrigen Windows-Updates regelmäßig aktualisiert (Details zum Thema Updates siehe ► Seite 165). Der „Ransomware-Schutz" wiederum ist in seiner Bezeichnung ein wenig irreführend. Tatsächlich handelt es sich nicht um eine Schutzfunktion, sondern bei Aktivierung werden die Inhalte der Standard-Ordner „Desktop", „Dokumente" und „Bilder" mit dem Online-Speicher OneDrive abgeglichen. Im Falle der Verschlüsselung Ihrer Daten durch einen sogenannten Erpressungstrojaner (Ransomware) haben Sie immer noch eine Kopie davon. Regelmäßige Datenbackups sind auf jeden Fall wichtig, doch wenn Sie diese in anderer Form durchführen, können Sie auf den integrierten Ransomware-Schutz verzichten.

Gehen Sie nun mit dem nach links weisenden Pfeil zurück zur Übersichtsseite und klicken Sie in das Feld namens „Kontoschutz". Hier wird Ihnen angeboten „Windows Hello" einzurichten. Das ist definitiv eine gute Sache. Es handelt sich um einen Geräte-PIN, also eine frei wählbare Ziffernkombination, wie man sie auch von der Bankomatkarte oder dem Smartphone kennt. Die können Sie bei der Anmeldung alternativ zum Passwort Ihres Microsoft-Kontos verwenden. Der Vorteil: Der PIN gilt ausschließlich lokal auf Ihrem Gerät und gelangt selbst bei aktivierter Synchronisierung nicht ins Internet. Auch das ist also ein Beitrag zum Schutz Ihrer Daten.

Klicken Sie auf den nach links weisenden Pfeil, um zurück zur Übersichtsseite zu gelangen, und danach in das Feld „App- und Browsersteuerung". Falls Sie die Einstellungsänderungen im Edge-Browser bereits wie auf ► Seite 74ff beschrieben vorgenommen haben, dann sind die Optionen „SmartScreen für Microsoft Edge" und „SmartScreen für Microsoft Store-Apps" bereits deaktiviert. Schalten Sie nun auch noch die Funktion „Apps und Dateien überprüfen" ab. Die Einstellungen zum „Exploit-Schutz" lassen Sie hingegen unverändert.

Tipp. Sollten Sie aufgrund mangelnder Erfahrungen mit Computer und Internet bei der Abschaltung der SmartScreen-Funktion ein schlechtes Gefühl haben, dann lassen Sie diese besser (vorerst) in allen Bereichen aktiviert. Oder Sie greifen zum – kostenpflichtigen, aber laut diversen Tests noch zuverlässiger funktionierenden – Schutzpaket eines einschlägigen Anbieters, wie z.B. Avast (www.avast.com). Dieses ersetzt dann die gesamte Windows-Sicherheit.

Konten

Ein Nebenaspekt des Datenschutzes betrifft jene Informationen, die von fremden Personen ohne weiteres Zutun eingesehen werden können, speziell bei Geräten, die außerhalb der eigenen vier Wände verwendet werden. Gehen Sie in den Einstellungen von Windows 10 zu „Konten" und zum Unterpunkt „Anmeldeoptionen". Dort finden Sie unter der Überschrift „Datenschutz" die Option der Anzeige von Kontodetails auf dem Anmeldebildschirm. Stellen Sie den Schalter auf „Aus". Die Option darunter („Anmeldeinformationen verwenden …") beschreibt eine Komfortfunktion, die Sie aktiviert lassen können.

Erste Schritte

Lernen Sie Windows 10 kennen und nutzen Sie die neuen Funktionen zu Ihrem Vorteil.

Windows 10 kennenlernen

Windows 8 bestand aus zwei getrennten Benutzeroberflächen, der Kacheloberfläche, auch „Modern-UI", und dem klassischen Desktop, auf dem die Programm-Icons und Verknüpfungen zur Software von Drittanbietern Platz fanden. Einen Start-Button, wie man ihn aus älteren Windows-Versionen kannte, gab es zum Leidwesen vieler Nutzer nicht. In Windows 10 kehrten Start-Button (unten links mit dem Symbol eines Windows-Fensters) und Start-Menü zurück, die Kachel-Apps verhalten sich nun wie herkömmliche Programme – ein nicht zu unterschätzender Fortschritt gegenüber den unflexiblen, funktional eingeschränkten Apps von Windows 8 und 8.1. Insgesamt ist die Benutzeroberfläche inzwischen sehr flexibel und ausgereift. Hat man sich erst einmal an das Zusammenspiel aller Elemente gewöhnt und passt sie den persönlichen Vorlieben und Arbeitsgewohnheiten an, bleiben eigentlich kaum Wünsche offen. Im Folgenden erfahren Sie alles, was Sie für einen schnellen Start wissen müssen. Sicher werden Sie aber immer wieder Neues entdecken, zumal es das „Windows as a Service"-Konzept vorsieht, immer wieder Funktionen hinzuzufügen.

App, Desktop-App, Programm

Microsoft geht mit der Zeit und sagt praktisch zu jedem Programm „App" (von Application = Anwendung, Programm). Umfangreiche Pakete wie die Bürosoftware Office sind nun ebenso als „App" erhältlich wie das integrierte Mail-Programm, die Windows-Versionen von sozialen Netzwerken oder Mini-Anwendungen wie das Kartenspiel „Solitaire". Programme, die nicht aus dem Windows-Store stammen, nennt Microsoft meist „Desktop-App". Lassen Sie sich von der etwas willkürlichen Wortwahl nicht irritieren.

Start-Button, Start-Menü und Taskleiste

Der von vielen Windows-Nutzern vermisste Start-Button kehrt mit Windows 10 zurück. Ein Klick darauf öffnet allerdings keine schnöde Funktionsleiste mehr, sondern ein aus mehreren Teilen bestehendes Start-Menü.

- Direkt über dem Start-Button finden sich (von oben nach unten) Icons (Programm-Symbole) für das Benutzerkonto (mit den durch Linksklick erreichbaren Optionen „Kontoeinstellungen ändern", „Sperren" und „Abmelden"), Dokumente (eine Verknüpfung in den Bereich „Dieser PC"/„Dokumente" des Windows-Explorers), „Bilder" (eine Verknüpfung in den Bereich „Dieser PC"/„Bilder" des Windows-Explorers), die „Einstellungen" (symbolisiert durch ein Zahnrad) und den Schalter zum Herunterfahren oder Neustarten des Systems.

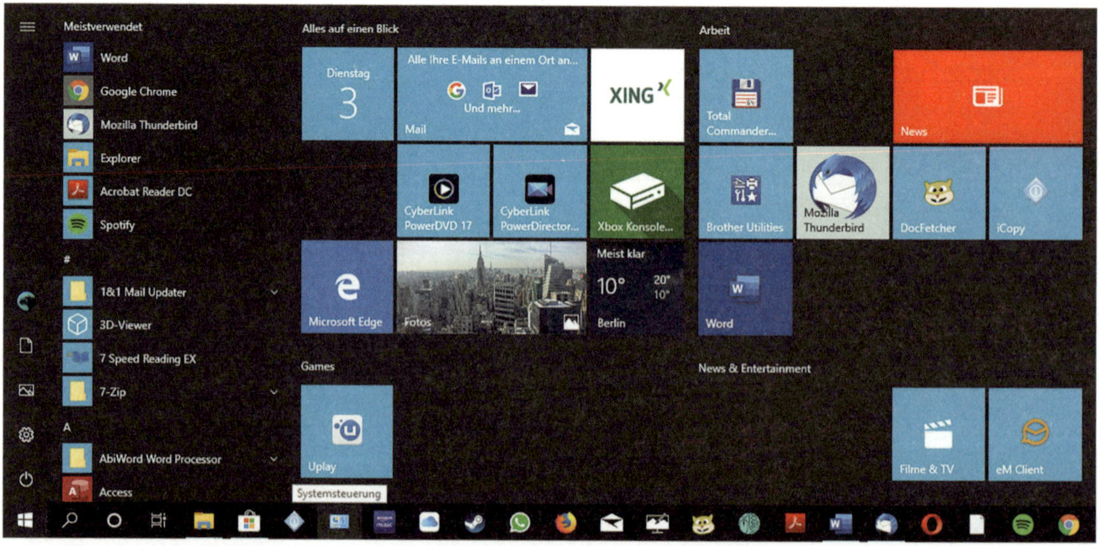

Tipp. Wenn Ihnen die Icons zu klein sind, klicken Sie ganz oben auf die „Erweitern"-Schaltfläche (drei horizontale Linien). Die Icons werden dann größer angezeigt. Sie können die Liste auch Ihren eigenen Wünschen anpassen. Öffnen Sie dazu zuerst die „Erweitern"-Schaltfläche, klicken Sie mit rechts auf einen Eintrag und wählen Sie dann „Diese Liste personalisieren".

- In der zweiten Spalte findet sich eine alphabetische Übersicht aller installierten Apps und Programme, die man direkt aus diesem Menü aufrufen (mit einem Linksklick auf den entsprechenden Eintrag) oder (mit einem Rechtsklick) deinstallieren kann. Ganz oben in der Spalte sind unter „Meistverwendet" die von Ihnen am häufigsten verwendeten Programme aufgelistet.
- Auf der rechten Seite befinden sich ebenfalls Programm-Symbole, allerdings in Form von Kacheln. Der Unterschied zur „Alle Apps"-Spalte ist: Sie können diese Übersicht weitgehen frei anpassen. Lesen Sie Näheres zur Personalisierung des gesamten Start- und des Kachel-Bereichs ab ► Seite 113ff. Hier befinden sich auch sogenannte Live-Tiles, deren Inhalte und Erscheinungsbild sich automatisch ändern.

Schließen Sie das Start-Menü oder klicken auf einen Bereich außerhalb des Start-Menüs, erscheint die bewährte Desktop-Ansicht, wie man sie auch von älteren Windows-Versionen her kennt.

Das Admin-Menü

Der Start-Button hat es im wahrsten Sinne des Wortes in sich. Klicken Sie mit der rechten Maustaste darauf, um das Kontextmenü zu öffnen. „Kontextmenü" heißt hier wie auch in diversen anderen Zusammenhängen: Klicken Sie mit der rechten Maustaste auf den gewünschten Bereich. Wie Sie sehen, finden Sie hier eine Reihe von Abkürzungen zu wichtigen Bereichen und Funktionen Ihres PCs wie etwa die Energie-Optionen, den Geräte-Manager oder den Bereich „System" der „Einstellungen". In den meisten Fällen erreichen Sie diese auch auf anderem Weg, doch über den Start-Button geht es meist schneller. Wichtig sind außerdem die Computer- und die Datenträgerverwaltung, die weitergehende – über die „Einstellungen" hinausgehende – Anpassungen von Windows ermöglichen. Im „Admin-Menü" finden Sie außerdem die sogenannte Power-Shell mit der „Eingabeaufforderung" für versiertere Windows-Nutzer sowie den „Ausführen"-Dialog von Windows, über den direkte Befehle eigegeben werden können. Auch diese Funktion richtet sich primär an fortgeschrittene Nutzer – was letztlich auch die Bezeichnung „Admin-Menü" erklärt.

Die Suchfunktion

Integraler Bestandteil des Start-Menüs ist die Suchfunktion. Sie können damit nicht nur den eigenen PC, sondern auch das Internet nach den eingegebenen Suchbegriffen durchforsten. Sie befindet sich rechts neben dem Start-Button in der Taskleiste (der Leiste am unteren Bildschirmrand). Wird bei Ihnen dort nur eine Lupe angezeigt (auf die Sie mit links klicken müssen, um die Suchfunktion aufzurufen), klicken Sie mit der rechten Maustaste auf die Taskleiste und wählen (im Kontextmenü) „Suche" und dann „Suchfeld anzeigen". Nun wird das Suchfeld direkt in der Taskleiste angezeigt. Die Option „Ausblenden" empfiehlt sich nur, wenn Sie ausschließlich über die Suchassistentin Cortana (siehe ► Seite 70) mit Ihrem PC kommunizieren wollen. Ist ein Mikrofon angeschlossen, erscheint im Suchfeld ganz rechts ein Mikrofon-Symbol, über das Sie Spracheingaben tätigen können.

Es lohnt sich, sich etwas näher mit der Suchfunktion auseinanderzusetzen, die seit der Veröffentlichung von Windows 10 immer weiter ausgebaut wird. Näheres dazu finden Sie auf ► Seite 129ff.

Die Taskleiste

Bei geöffnetem Start-Menü wie auch in der Desktop-Ansicht befindet sich ganz unten am Bildschirmrand die Taskleiste, der bei der Bedienung Ihres Windows-10-PCs eine wichtige Bedeutung zukommt. Direkt neben dem Start-Button ist das bereits erwähnte Suchfeld platziert, das mit der Suchassistentin Cortana verknüpft ist. Wenn Sie mit der Maus anstatt in dieses Suchfeld auf den Start-Button klicken, können Sie ebenfalls eine Suche starten. Sie müssen lediglich anfangen zu tippen, dann erscheint das Suchfeld ganz automatisch.

Sie können alle Apps in Form von Icons an die Taskleiste anheften, indem Sie sie in der „Alle Apps"-Spalte mit links anklicken und bei gedrückter Maustaste auf die Taskleiste ziehen. Klicken Sie mit links auf ein angeheftetes Icon, um die Anwendung zu öffnen. Klicken Sie mit rechts darauf, um eine von der jeweiligen App abhängende Übersicht von Schnellbefehlen zu öffnen oder die App wieder von der Startleiste zu lösen. Auch geöffnete Programme erscheinen in Form von Icons in der Taskleiste, über die Sie sie schnell erreichen und zwischen Anwendungen wechseln können.

Wird der Platz in der Taskleiste zu eng, werden die Icons in zwei Reihen untereinander angeordnet. Tippen Sie dann auf den „Nach oben"- bzw. „Nach unten"-Pfeil, um die Reihe zu wechseln. Wenn Sie den knappen Platz in der Taskleiste nicht für das Suchfeld verwenden möchten, können Sie es über das Kontextmenü der Taskleiste wie oben beschrieben durch ein kleines Lupen-Symbol ersetzen oder ganz ausblenden.

Tipp. Sie können Programme über das betreffende Icon in der Taskleiste schließen, indem Sie mit rechts darauf klicken und „Fenster schließen" bzw. „Alle Fenster schließen" wählen.

Im Kapitel „Windows personalisieren" (siehe ► Seite 113ff) erfahren Sie, wie Sie die Taskleiste noch weiter anpassen können.

Das Info-Center

Ganz rechts in der Taskleiste sehen Sie ein ganze Reihe weiterer Icons, deren genaue Zusammensetzung von der Konfiguration Ihres Computer und den darauf installierten Programmen abhängt. Von links nach rechts finden Sie dort beispielsweise:

- Einen nach oben weisenden Pfeil. Klicken Sie darauf, wird ein kleines Fenster mit Icons im Hintergrund laufender, aber gerade ausgeblendeter Anwendungen angezeigt. Fahren Sie mit dem Mauszeiger darüber, werden die Namen der Programme eingeblendet.
- Die Netzwerkstatusanzeige. Klicken Sie mit links darauf, um direkt zu den Netzwerkeinstellungen zu kommen. Klicken Sie mit rechts darauf, um die Netzwerk-Problembehandlung zu öffnen.
- Die Lautsprecheranzeige. Klicken mit links darauf, um die Lautstärke anzupassen und

den Ton ein- oder auszuschalten. Klicken Sie mit rechts darauf, um eine Reihe weiterer Optionen anzuzeigen oder um die Sound-Problembehandlung zu starten.

- Die Datums- und Uhrzeitanzeige. Klicken Sie mit links darauf, um die Kalender-App von Windows 10 zu öffnen. Uhrzeit und Datum können Sie über die „Einstellungen" (Zahnrad-Symbol im Start-Menü) im Bereich „Zeit und Sprache" manuell anpassen oder auf „automatisch festlegen" einstellen.
- Die Benachrichtigungsleiste (Sprechblasen-Symbol). Hier werden alle eingehenden Benachrichtigungen gesammelt. Das genaue Verhalten des Benachrichtigungsassistenten passen Sie über „Einstellungen", „System" und „Benachrichtigungsassistent" an. Eigentlich fasst Microsoft die Gesamtheit der in der Benachrichtigungsleiste verfügbaren Funktionen und Inhalte (auch diese hängen stark von Ihrer individuellen Konfiguration ab) unter dem Begriff „Info-Center" zusammen, den wir aber der Einfachheit wegen für alle Icons auf der rechten Seite der Taskleiste verwenden.

Task-View, Timeline und virtuelle Desktops

Rechts neben dem Suchfeld (oder dem Suche-Symbol) in der Taskleiste befindet sich das Icon „Aktive Anwendungen". Dahinter verbirgt sich „Task-View", eine neue Funktion von Windows 10, die – richtig eingesetzt – die Arbeit erheblich erleichtert. Das Symbol zeigt vertikal angeordnete Fenster mit einem kleinen Schieberegler daneben. Alternativ können Sie auch über die Tastenkombination „Windows + Tab" in diese Ansicht wechseln.

Ganz oben in dem sich nun öffnenden Fenster sehen Sie weitere, in Miniaturansicht dargestellte Fenster. Ganz links ist der aktuelle Desktop. Klicken Sie auf „Neuer Desktop", wird eine weitere Miniaturansicht Ihres Desktops hinzugefügt. Klicken Sie mit links darauf. Alle Anwendungen, die Sie geöffnet hatten, sind auch weiterhin geöffnet – in einer Arbeitsumgebung namens „Desktop 1". Zugleich steht Ihnen ein leerer „Desktop 2" zur Verfügung. Zurück kommen Sie, indem Sie wieder „Aktive Anwendungen" öffnen und auf „Desktop 1" klicken. Welchen Sinn hat das? Mit dieser Funktion können Sie schnell zwischen Arbeitssituationen samt den darin geöffneten Anwendungen und Dokumenten wechseln und Ihre Arbeit auf diese Weise leichter organisieren.

Direkt unter der Leiste mit den virtuellen Desktops finden Sie alle aktuell geöffneten Fenster dieser Arbeitsumgebung, schön übersichtlich angeordnet, sodass Sie wie bisher bequem von Anwendung zu Anwendung springen können, indem Sie auf das entspre-

chende Fenster klicken. Scrollen Sie etwas weiter nach unten, dann werden Sie feststellen, dass sich dort nun viele weitere Fenster befinden. Über diese Fenster können Sie bis zu 30 Tage in die Vergangenheit reisen. Das geht übrigens auch mit dem Schieberegler ganz rechts.

In Form von Vorschaufenstern sind in der „Timeline" nämlich alle Anwendungen gespeichert, die Sie in dieser Zeit genutzt haben. Klicken Sie einfach darauf, um genau dort weiterzumachen, wo Sie zuletzt aufgehört haben. Mit einem Klick auf die Lupe über dem Schieberegler rechts suchen Sie gezielt nach Dateien oder Programmen. Das ist praktisch, wenn Sie an einer PowerPoint-Präsentation gearbeitet haben, aber nicht mehr wissen, wo sie gespeichert ist, oder um eine Internetseite wiederherzustellen, auf der Sie vor ein paar Tagen gewesen sind. Damit das funktioniert, muss die jeweilige Anwendung die Timeline-Funktion aber unterstützen. Sie soll zudem kein Backup ersetzen, gelöschte Dateien lassen sich damit nicht wieder herbeizaubern.

Dafür bietet die Timeline eine andere praktische Möglichkeit: das Arbeiten über mehrere Geräte hinweg. Dazu müssen Sie zum einen mit Ihrem Microsoft-Konto angemeldet sein, zum anderen müssen Sie den Abgleich Ihrer Daten mit der Internet-Cloud zulassen. Gehen Sie dazu in die Windows-Einstellungen (Zahnrad-Symbol im Start-Menü), „Datenschutz" und „Aktivitätsverlauf". Setzen Sie dort einen Haken neben „Windows meine Aktivitäten auf diesem PC mit der Cloud synchronisieren lassen". Nun können Sie beispielsweise auf Ihrem Notebook weiterarbeiten, nachdem Sie Ihren Desktop-PC zu Hause heruntergefahren haben.

Aus Datenschutzgründen ist das nicht unbedenklich. Haben andere Zugriff auf Ihr Konto, könnten diese Ihr Arbeitsverhalten kontrollieren oder nachvollziehen, welche Webseiten Sie zuletzt besucht haben. Um das zu verhindern, haben Sie – neben dem ohnehin ratsamen Einsatz eines sicheren Passworts – zwei Möglichkeiten. Klicken Sie in der Timeline mit rechts auf ein Fenster und wählen Sie „Entfernen", um eine Spur direkt

Nützliche Shortcuts

Oft ist es einfacher, eine Tastenkombination einzugeben, statt eine Funktion durch Mausklicks in verschachtelten Menüs zu suchen. Solche „Shortcuts", zu Deutsch Abkürzungen, gibt es unter Windows 10 jede Menge. Wir haben hier bevorzugt jene zusammengestellt, die sich auf neue Funktionen von Windows 10 beziehen.

Tastenkombination	Funktion
Windows-Taste + Strg + D	Erstellen eines weiteren Desktops als neue Arbeitsumgebung
Windows-Taste + Strg + Linke/Rechte Pfeiltaste	Wechsel des Desktops
Windows-Taste + Strg + F4	Schließen des aktuell geöffneten Desktops
Windows-Taste + Tab	Aufruf von Task-View (Task-View bleibt geöffnet)
Alt + Tab	Halten = Öffnet Task View, Loslassen = Wechselt zur App
Windows-Taste + Pfeiltaste nach oben/unten/links/rechts	Fenster maximieren/minimieren oder ausrichten in der linken oder rechten Bildschirmhälfte
Windows-Taste + I	„Einstellungen" öffnen
Windows-Taste + A	Info-Center öffnen
Windows-Taste + S	Sucheingabefeld aktivieren (Mauszeiger wird im Feld platziert)
Windows-Taste + C	Die Sprachassistentin Cortana rufen (muss zuvor in den „Einstellungen" aktiviert werden)
Windows-Taste + L	PC sperren oder Nutzerkonto wechseln
Windows-Taste + X	Admin-Menü öffnen

zu beseitigen. Alternativ können Sie alle Ereignisse des gleichen Tages löschen. Falls Sie die Timeline gar nicht nutzen möchten, entfernen Sie am beschriebenen Ort in den Einstellungen das Häkchen vor „Windows meine Aktivitäten auf diesem PC sammeln lassen". Beachten Sie dazu auch die detaillierten Ausführungen im Kapitel „Datenschutzeinstellungen" ab ► Seite 57.

Touchscreen- und Desktop-Steuerung

Ein Betriebssystem für alle Plattformen – das bedeutet, dass Windows 10 auf Geräten mit und ohne Touchscreen laufen muss. Im Info-Center (erreichbar über das Sprechblasen-Icon rechts in der Taskleiste) befindet sich dafür unten ein Schalter zum Ein- und Ausschalten des Tablet-Modus. Damit lässt sich die Benutzeroberfläche von Windows 10 in einen für die Berührungssteuerung optimierten Modus umschalten. Das Start-Menü nimmt dann den ganzen Bildschirm ein – ganz ähnlich der Startseite von Windows 8.1. Dafür verschwindet die linke Spalte des Start-Menüs. Sie bleibt über das Menü-Symbol (drei horizontale Linien) oben links aber jederzeit aufrufbar.

Die Taskleiste wird im Tablet-Modus weitgehend geleert (schließlich sind die Apps ja dann direkt über die Kacheln erreichbar), und die Taskleiste wäre für die meisten Bildschirme mobiler Geräte ohnehin zu kleinteilig. Dafür erscheint in der Taskleiste ein „Zurück"-Button, der in jeder Situation stets zur direkt davor geöffneten Ansicht zurückführt. Alle aktuell geöffneten Apps schalten vom Fenster in den Vollbildmodus um. In der Taskleiste werden sie nicht mehr eigens gekennzeichnet. Um schnell zwischen geöffneten Apps zu wechseln, bietet sich die Taskansicht an, die jederzeit in der Taskleiste erreichbar bleibt.

Auf eigens für Windows 10 entwickelten Hybridgeräten – das sind Mischformen zwischen Notebook und Tablet-PC – schaltet Windows automatisch zwischen Tastatur- und Tablet-Modus um, sobald man die Tastatur auf die Rückseite klappt (bei sogenannten Convertibles) oder vom Bildschirm löst (bei sogenannten Detachables, zu denen unter anderem Microsofts Surface-Modelle gehören).

Die Gestensteuerung

Bei Geräten mit Touchscreen funktioniert die Steuerung ganz ähnlich wie bei Ihrem Smartphone. Für den Fall, dass Sie noch keine Erfahrung damit haben, hier ein paar grundlegende Tipps:

Wischen. Das wohl am häufigsten verwendete Bedienelement auf dem Touchscreen ist das Wischen. Dabei tippen Sie mit dem Zeigefinger auf einen Rand des Bildschirms, bewegen ihn schnell nach links oder rechts und heben den Finger danach wieder an. Auf diese Weise navigieren Sie z.B. durch die Bildschirme, auf denen Ihre Apps abgelegt sind. Sie können Wischgesten horizontal und vertikal ausführen. Das Wischen ist kontextabhängig, d.h., dass die Auswirkungen einer Wischgeste davon abhängen, in welcher Anwendung Sie sich gerade befinden.

Tippen. Tippen Sie einzelne Bildschirmelemente (z.B. die App-Symbole) kurz an, um die dahinterstehenden Funktionen aufzurufen (z.B. die App zu öffnen). Ebenso funktioniert das Tippen auf Schaltflächen, auf denen zumeist zu lesen ist, was sich dahinter verbirgt – etwa „Öffnen", „Aktivieren" oder „Zurück".

Scrollen. „To scroll" ist das englische Wort für „blättern" oder „verschieben". Bei der Maussteuerung tut man das für gewöhnlich mit dem Mausrad. Auf einem Touchscreen tippen Sie irgendwo auf den Bildschirm und lassen den Finger dort liegen. Dann bewegen Sie ihn in horizontale und vertikale Richtung. Dies dient dazu, unsichtbare Bereiche links und rechts sowie oben und unten des aktuellen Bildschirmausschnitts anzuzeigen. Denn oft passen Inhalte wie eine Webseite oder ein längerer E-Mail-Text nicht auf den Bildschirm.

Vergrößern und Verkleinern. Legen Sie zwei Finger (üblicherweise Daumen und Zeigefinger) auf den Bildschirm, um den Bildschirmausschnitt zu vergrößern oder zu verkleinern.

Der Explorer

Der „Windows-Explorer" oder auch „Datei-Explorer" ist das zentrale Dateiverwaltungsprogramm unter Windows. Am besten Sie legen das Explorer-Icon – ein gelbes Ordner-Symbol – wie ab ► Seite 121 beschrieben direkt auf die Taskleiste, dann haben Sie immer schnellen Zugriff darauf. Sie finden den Explorer ansonsten in der „Alle-Apps"-Leiste im Start-Menü und dort unter „Windows-System". Am gleichen Ort stehen im Übrigen weitere nützliche Funktionen bereit wie der Task-Manager (siehe ► Seite 209ff) oder die Systemsteuerung. Der Explorer selbst besteht aus drei größeren Fenstern. Auf der linken Seite befindet sich eine Übersicht aller Laufwerke (also Festplattenbereiche oder tatsächliche physische Laufwerke wie DVD oder externe Festplatten) als Baumdiagramm. Im mittleren Fenster werden die Inhalte des links markierten Laufwerks oder Ordners angezeigt. Ganz rechts befindet sich das Vorschaufenster.

Auf den ersten Blick hat sich hier nicht viel gegenüber älteren Windows-Versionen geändert. Die Menüs sind allerdings jetzt als Menübänder („Ribbons") organisiert. Wichtig ist vor allem das Register „Start" ganz oben gleich neben „Datei". Die Optionen sind ausgegraut, bis Sie einen Eintrag im Baumdiagramm anklicken. Über „Neuer Ordner" im Ribbon können Sie dann ein neues Verzeichnis anlegen. Wählen Sie im Baumdiagramm eine Datei, können Sie sie kopieren, ausschneiden, löschen, an einen Ort kopieren oder dorthin verschieben. Wie bisher können Sie diese Operationen auch direkt durchführen, also per Rechtsklick auf das zu bearbeitende Element oder per Drag-and-Drop (mit der linken Maustaste festhalten, ziehen und loslassen). Über das Suchfeld ganz rechts neben dem Dateipfad können Sie das ausgewählte Verzeichnis auch nach Dateinamen durchsuchen. Beachten Sie bitte auch die Ausführungen zur erweiterten neuen Suchfunktion (siehe ► Seite 129ff).

Tipp. Wird im Vorschaufenster nichts angezeigt, klicken Sie auf den Reiter „Ansicht" in der Menüleiste und wählen Sie unter „Bereiche" die Option „Vorschaufenster". Wahlweise können Sie sich mit „Detailbereich" nähere Angaben zu der betreffenden Datei wie etwa Zeichenzahl oder Erstellungsdatum anzeigen lassen.

Windows 10 vernetzen

Ohne Internetanbindung geht mittlerweile wenig. So verbinden Sie Ihren Computer mit der „großen weiten Welt".

Verbinden mit dem Internet

Abseits der Datenautobahn geht heute nichts mehr: Ohne funktionierende Internetverbindung können Sie keine E-Mails abrufen, nicht auf Ihren Cloud-Speicher zugreifen, keine Treiber herunterladen und natürlich auch nicht die unerschöpfliche Informationsquelle des World Wide Web nutzen. Einer der ersten Schritte unter Windows 10 wird es deshalb sein, Ihr Gerät mit einem Netzwerk zu verbinden. Falls Sie ein Upgrade von Windows 7 oder 8.1 gemacht haben, stehen die Chancen gut, dass Sie immer noch mit dem Internet verbunden sind. Falls nicht, müssen Sie folgende Schritte durchführen, um wieder online zu gehen:

- Schließen Sie einen WLAN-Adapter an Ihr Gerät an. Dabei kann es sich beispielsweise um einen USB-Stick handeln, der sich drahtlos in ein WLAN-Netzwerk einbinden lässt. Viele PCs und Notebooks besitzen aber ohnehin eine integrierte Netzwerkkarte, die dieselbe Funktion übernimmt. Dann müssen Sie im Grunde nur darauf achten, dass die WLAN-Funktionalität bei Ihrem Gerät auch aktiviert ist. Falls Sie eine direkte Verbindung zum Router über ein Ethernet-Kabel (LAN) oder ein Powerline-Netzwerk haben (die Daten werden dabei über das Stromnetz geleitet und über einen speziellen Adapter über die Steckdosen abgerufen), wird die Netzwerkverbindung automatisch hergestellt. Klicken Sie in diesem Fall unten rechts in der Taskleiste auf das Netzwerk-Symbol, um die Verbindung zu überprüfen. Besteht derzeit keine Verbindung ins Netzwerk, wird über dem Netzwerk-Symbol automatisch ein oranges Warnsignal eingeblendet.
- Unter „Start", „Einstellungen", „Geräte", „Angeschlossene Geräte" können Sie überprüfen, ob der WLAN-Adapter korrekt erkannt wurde. Windows 10

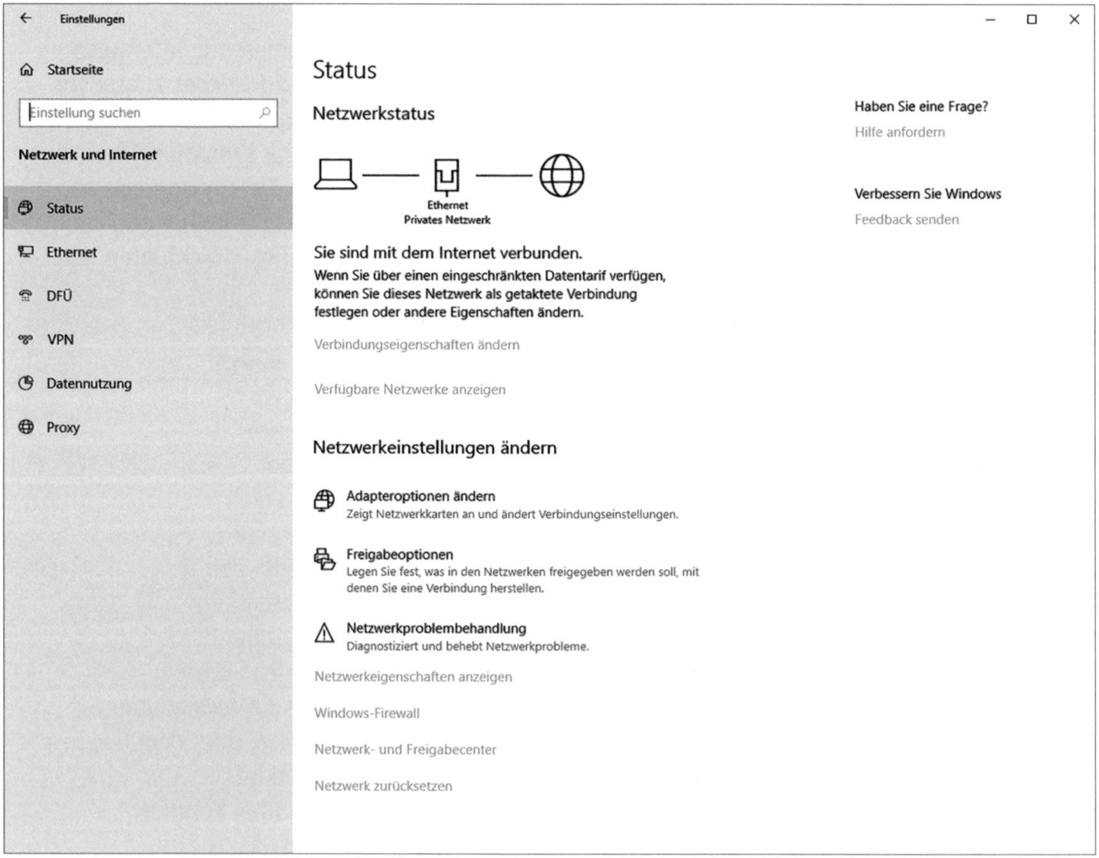
Einstellungen
Startseite
Einstellung suchen
Netzwerk und Internet
Status
Ethernet
DFÜ
VPN
Datennutzung
Proxy
Status
Netzwerkstatus
Ethernet
Privates Netzwerk
Sie sind mit dem Internet verbunden.
Wenn Sie über einen eingeschränkten Datentarif verfügen, können Sie dieses Netzwerk als getaktete Verbindung festlegen oder andere Eigenschaften ändern.
Verbindungseigenschaften ändern
Verfügbare Netzwerke anzeigen
Netzwerkeinstellungen ändern
Adapteroptionen ändern
Zeigt Netzwerkkarten an und ändert Verbindungseinstellungen.
Freigabeoptionen
Legen Sie fest, was in den Netzwerken freigegeben werden soll, mit denen Sie eine Verbindung herstellen.
Netzwerkproblembehandlung
Diagnostiziert und behebt Netzwerkprobleme.
Netzwerkeigenschaften anzeigen
Windows-Firewall
Netzwerk- und Freigabecenter
Netzwerk zurücksetzen
Haben Sie eine Frage?
Hilfe anfordern
Verbessern Sie Windows
Feedback senden

bringt eine Reihe von Gerätetreibern für gängige Marken und Produkte mit und installiert sie automatisch, sobald ein Gerät erkannt wird. Erscheint stattdessen die Meldung „Treiber nicht verfügbar", müssen Sie diesen manuell installieren. Eventuell hat der Hersteller eine CD mit der notwendigen Software mitgeliefert. Wenn das nicht der Fall ist, müssen Sie auf der Herstellerseite unter „Support" und „Downloads" danach suchen. Tun Sie das bei einem Freund oder Nachbarn, falls Sie sonst keine Möglichkeit haben, ins Internet zu kommen. Sofern es noch keinen Windows-10-Treiber für Ihr Gerät gibt, suchen Sie die jeweils neueste Version. Häufig läuft die Hardware auch unter Windows 10 mit einem Treiber für Windows 7 oder 8.1. Sollte auch das nicht der Fall sein, müssen Sie sich direkt an den Hersteller des Adapters wenden (im schlimmsten Fall hilft nur ein Neukauf). Wenn Sie einen geeigneten Treiber gefunden haben, laden Sie ihn auf einen externen Datenträger (z.B. einen USB-Stick) herunter, um ihn zu Hause auf Ihrem PC zu installieren. Beachten Sie dazu auch den Abschnitt „Geräte und Treiber installieren" ab ► Seite 42.

Verschlüsselte Netzwerke

WLAN-Netzwerke sind in der Regel vor unbefugtem Zugriff geschützt. In diesem Fall müssen Sie ein Kennwort eingeben, um eine Verbindung mit dem jeweiligen Netzwerk herzustellen. Die verwendeten Sicherheitsprotokolle sind WPA2, WPA oder WEP. Um eine Verbindung zu einem geschlossenen Netzwerk herzustellen, müssen Sie wissen, welches dieser Sicherheitsprotokolle verwendet wird. Ihr Gerät kann außerdem eine Verbindung zu „offenen Netzwerken", die kein Kennwort benötigen, herstellen. Solche Netzwerke finden Sie an öffentlichen Orten wie Flughäfen und bei Veranstaltungen wie Kongressen oder Messen.

- Sobald der WLAN-Adapter von Windows 10 korrekt erkannt wurde, erscheint er in der Liste „Angeschlossene Geräte", der Name wird automatisch angezeigt.
- Klicken Sie auf das Netzwerk-Symbol in der Taskleiste. Dort werden verfügbare Netzwerke angezeigt. Wählen Sie Ihr Netzwerk aus. Wenn Ihr WLAN-Netzwerk geschützt ist (was es auch unbedingt sein sollte), dann müssen Sie nun Ihren persönlichen Netzwerkschlüssel eingeben, der Ihnen von Ihrem Internet-Provider mitgeteilt wurde. Häufig finden Sie den Netzwerkschlüssel auch auf der Unter- oder Rückseite des Routers. **Tipp.** Falls der Netzwerkschlüssel tatsächlich auf dem Gerät angegeben ist, sollten Sie ihn im Konfigurationsmenü des Routers aus Sicherheitsgründen schnell ändern. Denn sonst kann sich jeder, der einmal Gelegenheit hatte, auf die Rückseite des Routers zu schauen, in Ihr WLAN einwählen.

Router-Konfiguration

Sobald Ihr Windows-PC – ob über Kabel, Powerline-Adapter oder WLAN – mit dem Router verbunden ist, können Sie auf dessen Konfigurationsmenü zugreifen. Das funktioniert über einen beliebigen Internetbrowser. Geben Sie einfach die Adresse des Routers in die Adresszeile ein. Sie sollten sie im Handbuch oder, falls nicht vorhanden, nach einer kurzen Recherche im Internet finden. Bei der bekannten FritzBox lautet sie z.B. „http://fritz.box", üblich sind sonst Zahlenkombinationen nach dem Muster „192.168.1.1". Danach müssen Sie in der Regel noch ein Gerätepasswort eingeben, das bei der ersten Einrichtung vergeben wurde. Ab Werk ist das Passwort häufig „0000" oder „admin", was Sie bei nächster Gelegenheit ebenfalls rasch ändern sollten.

Sollten Sie die IP-Adresse Ihres Routers nicht kennen, lässt sie sich unter Windows recht einfach herausfinden. Dazu starten Sie die sogenannte Eingabekonsole. Geben Sie in das Suchfeld der Taskleiste die Buchstabenkombination „cmd" ein. Klicken Sie mit der rechten Maustaste auf das Suchergebnis „Eingabekonsole" und wählen Sie im Kontextmenü „Als Administrator ausführen". In dem sich daraufhin öffnenden Fenster geben Sie am Ende der Befehlszeile „ipconfig" ein und drücken die Enter-Taste. In der nun angezeigten Übersicht finden Sie die IP-Adresse Ihres Routers unter „Standardgateway".

Verbindung zu Geräten im Netzwerk herstellen

Wenn Sie einen neuen Drucker oder Scanner in das Netzwerk einbinden wollen, mit dem Ihr Windows-10-PC verbunden ist, gehen Sie über „Einstellungen" und „Geräte". Unter „Drucker und Scanner" finden Sie alle Geräte, die bereits mit Ihrem PC verbunden sind. Moderne Geräte erfordern in aller Regel keinerlei Installationsaufwand, Sie müssen sie lediglich per USB-Kabel an Ihren PC anschließen und sie werden automatisch erkannt. Ist das nicht der Fall oder funktioniert das Gerät nicht richtig, fehlt Windows der richtige Treiber und Sie müssen ihn mittels der mitgelieferten CD oder dem von der Herstellerseite heruntergeladenen Treiber installieren (siehe ► Seite 42ff).

Ist der Drucker oder Scanner nicht direkt mit Ihrem PC, sondern mit Ihrem Netzwerk verbunden, klicken Sie auf „Drucker oder Scanner hinzufügen" und folgen den Anweisungen auf dem Bildschirm. Alternativ können Sie Geräte auch über die klassische Systemsteuerung (Aufruf übers Suchfeld) hinzufügen. Gehen Sie dazu über „Hardware und Sound" zu „Geräte und Drucker" und wählen Sie „Gerät hinzufügen".

Tipp. Möchten Sie einen Drucker oder Scanner mit Ihrem Router verbinden, um ihn danach mit Ihrem PC zu vernetzen, überprüfen Sie zunächst im Konfigurationsmenü Ihres Routers, ob sich neue Geräte einwählen und mit anderen Geräten im Netzwerk kommunizieren dürfen. Im Falle der FritzBox finden Sie diese Angabe unter „WLAN" und „Funknetz". Die Optionen „Alle neuen WLAN-Geräte zulassen" und „Alle angezeigten WLAN-Geräte dürfen untereinander kommunizieren" sollten aktiviert sein.

Drucken

Wenn Sie in Programmen wie Word oder einem PDF-Reader die Option „Drucken" wählen, wird das betreffende Dokument auf dem Standarddrucker ausgegeben. Wenn Sie wissen möchten, welches Ihrer Geräte als Standarddrucker eingerichtet ist, gehen Sie in der Systemsteuerung (Eingabe von „sys" in das Eingabefeld der Taskleiste, dann Schaltfläche „Systemsteuerung") auf „Hardware und Sound" und „Geräte und Drucker anzeigen". Der Standarddrucker ist mit einem grünen Häkchen-Symbol gekennzeichnet. Wollen Sie ein anderes Gerät als Standarddrucker festlegen, klicken Sie mit rechts auf dessen Symbol und wählen Sie im Kontextmenü „Als Standarddrucker festlegen".

Druckaufträge werden über „Drucken" aus dem jeweiligen Programm heraus gestartet und an den Drucker gesendet. Dieser arbeitet sie nach und nach ab. Um alle derzeit laufenden Druckaufträge anzuzeigen, gehen Sie abermals in der Systemsteuerung auf „Hardware und Sound" und „Geräte und Drucker anzeigen". Klicken Sie mit rechts auf den Standarddrucker und wählen Sie ganz oben „Druckaufträge anzeigen". Zum Löschen eines Druckauftrags klicken Sie mit der rechten Maustaste auf das betreffende Dokument und wählen „Abbrechen" oder „Anhalten", um ihn vorübergehend zu stoppen und später fortzusetzen.

Tipp. Wenn es schneller gehen soll, beispielsweise weil eine Störung vorliegt, erreichen Sie das Drucker-Menü der Systemsteuerung auch über die Taskleiste. Dort erscheint bei laufenden Druckaufträgen ein kleines Drucker-Symbol. Doppelklicken Sie darauf, um direkt zu den aktuellen Druckaufträgen zu gelangen.

Auf dem gleichen Weg über das Kontextmenü gelangen Sie zu den Dialogfenstern „Druckeinstellungen" und „Druckereigenschaften". Obwohl sich beides ganz ähnlich anhört, sind doch sehr unterschiedliche Funktionen damit verbunden. In den „Druckeinstellungen" können Sie diverse Standardeinstellungen für Druckaufträge festlegen, beispielsweise die Papierausrichtung. In den „Druckereigenschaften" kontrollieren Sie dagegen die Druckerfreigabe im Netzwerk, die Farb- und Energieverwaltung etc.

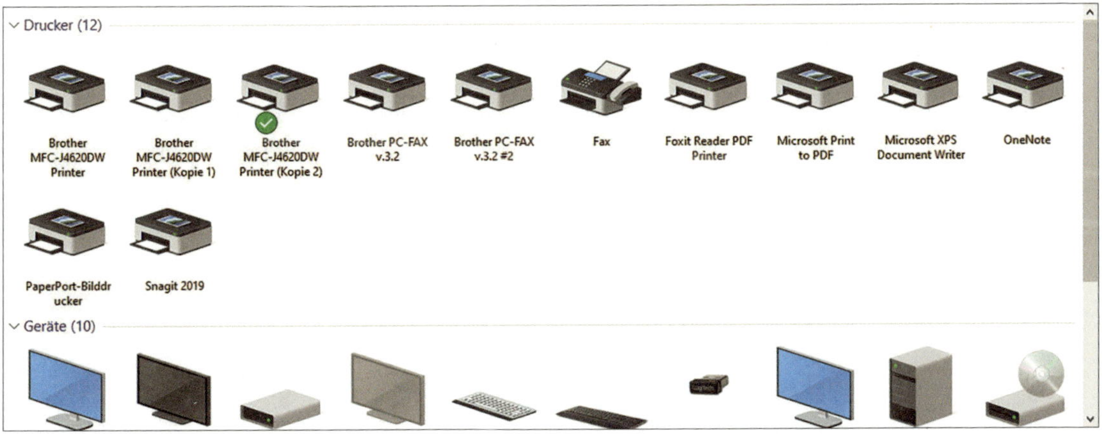

Drucker und andere Geräte anschließen

Auch die Druckfunktion wandert allmählich in die „Einstellungen". Sie können also auch darüber Ihre Geräte verwalten – seien es Drucker, Multifunktionsgeräte, Tastaturen oder auch Bluetooth-Geräte. Im Bereich Geräte finden Sie alles auf einen Blick.

Klicken Sie auf das Plus vor „Bluetooth- und andere Geräte hinzufügen" und folgen Sie den Bildschirmanweisungen. Stellen Sie vorher sicher, dass das hinzuzufügende Gerät eingeschaltet bzw. die „Koppeln"-Funktion aktiviert ist. Hinweise dazu finden Sie im Zweifel in der Bedienungsanleitung des betreffenden Bluetooth-Geräts.

Im Bereich „Drucker und Scanner" finden Sie die entsprechende Funktion für Drucker und Multifunktionsgeräte. Ebenfalls im Bereich „Geräte" können Sie Mäuse und Tastaturen mit Ihrem PC verbinden und verwalten. Die grundlegenden Parameter für Ihre Maus können Sie direkt dort anpassen. Für mehr Kontrolle klicken Sie auf den Hyperlink „Weitere Mausoptionen". Es öffnet sich ein Fenster des Geräte-Managers namens „Eigenschaften von Maus", in dem Sie die Tastenkonfiguration verändern oder die Doppelklickgeschwindigkeit (also das Tempo, in dem Sie die linke Maustaste doppelklicken müssen, um einen Befehl auszulösen) festlegen können. Häufig braucht man auch die Funktion „Zeigergeschwindigkeit auswählen" in der Registerkarte „Speicheroptionen".

Beheben von Verbindungsproblemen

Wenn Sie trotz korrekt eingegebener Verbindungsdaten keinen Zugang zum Internet herstellen können, überprüfen Sie zunächst, ob der Netzwerkstecker (Ethernet) richtig

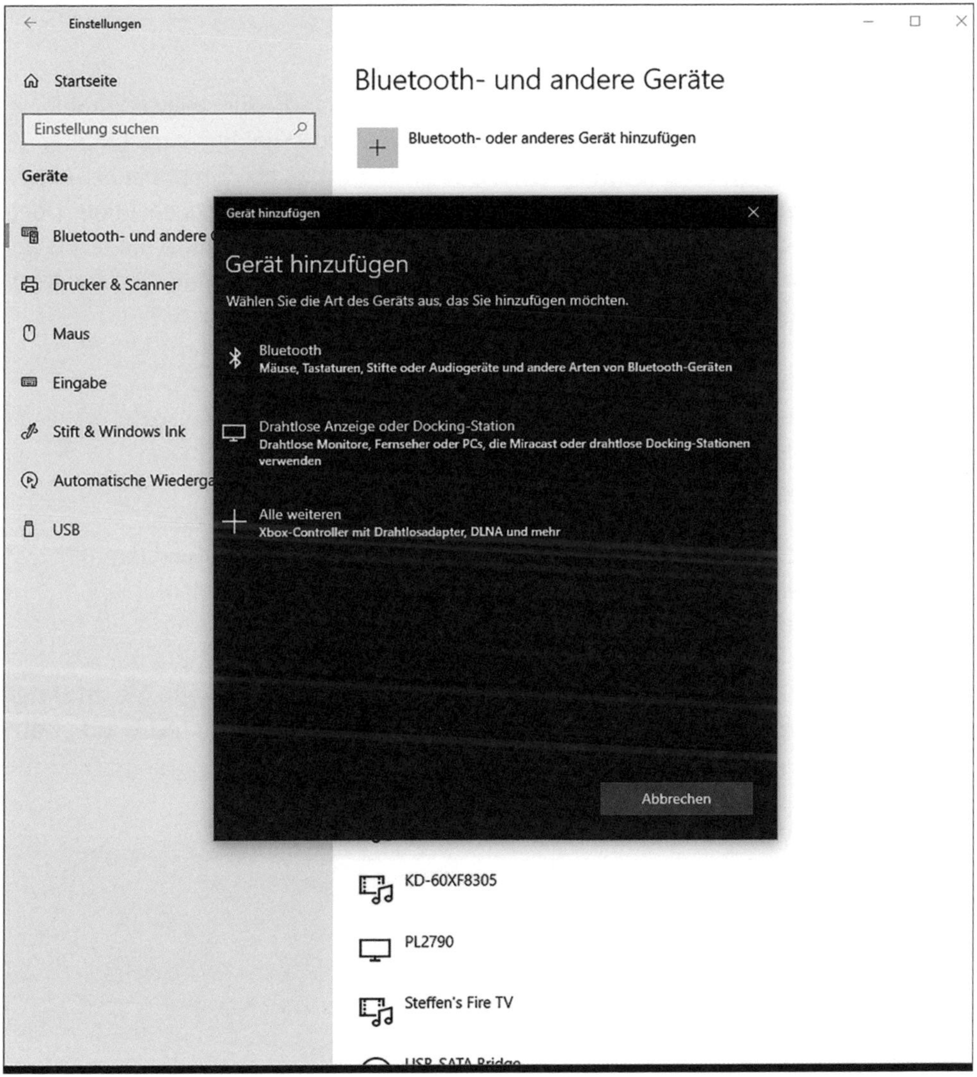

Einstellungen
Startseite
Einstellung suchen
Geräte
Bluetooth- und andere
Drucker & Scanner
Maus
Eingabe
Stift & Windows Ink
Automatische Wiederga
USB
Bluetooth- und andere Geräte
Bluetooth- oder anderes Gerät hinzufügen
Gerät hinzufügen
Gerät hinzufügen
Wählen Sie die Art des Geräts aus, das Sie hinzufügen möchten.
Bluetooth
Mäuse, Tastaturen, Stifte oder Audiogeräte und andere Arten von Bluetooth-Geräten
Drahtlose Anzeige oder Docking-Station
Drahtlose Monitore, Fernseher oder PCs, die Miracast oder drahtlose Docking-Stationen verwenden
Alle weiteren
Xbox-Controller mit Drahtlosadapter, DLNA und mehr
Abbrechen
KD-60XF8305
PL2790
Steffen's Fire TV

eingesteckt ist. Auch defekte Kabel sind nicht selten die Ursache für Netzwerkprobleme. Bei drahtlos verbundenen Geräten schauen Sie, ob die WLAN-Funktion eingeschaltet ist.

Klicken Sie dann mit der rechten Maustaste auf das Netzwerk-Symbol in der Aktivitätsleiste und dann mit links auf „Problembehandlung". Um eine eingehendere Überprüfung Ihrer Netzwerkverbindungen durchzuführen, klicken Sie abermals mit rechts auf das Netzwerk-Symbol in der Aktivitätsleiste und wählen dann „Netzwerk- und Freigabecenter öffnen". Unter „Netzwerkeinstellungen ändern" können Sie

- eine neue Verbindung oder ein neues Netzwerk einrichten oder
- über „Probleme beheben" Netzwerkprobleme diagnostizieren und gegebenenfalls reparieren.
- Klicken Sie links auf „Adaptereinstellungen ändern", um Ihre bereits eingerichteten Netzwerkverbindungen anzuzeigen. Klicken Sie mit der rechten Maustaste auf den Netzwerkadapter, über den Sie eine Verbindung herstellen wollen, und dann im Kontextmenü auf „Diagnose", um den Adapter auf fehlerhafte Einstellungen hin zu überprüfen.

Tipp. Alternativ erreichen Sie das Netzwerk- und Freigabecenter, indem Sie im Dateimanager Windows-Explorer (siehe ► Seite 99f) im Verzeichnisbaum mit rechts auf „Netzwerk" klicken und „Eigenschaften" wählen.

Windows 10 personalisieren

Holen Sie mehr aus Windows 10 heraus, indem Sie die Benutzeroberfläche an Ihre Bedürfnisse anpassen.

Zentrale Anlaufstelle für alle Anpassungen der Benutzeroberfläche sind die „Einstellungen" und der Bereich „Personalisierung". Neben dem Desktop-Hintergrund und dem Sperrbildschirm lassen sich hier auch Farben, Designs und Schriftarten verändern. Auch grundlegende Einstellungen für das Start-Menü und die Taskleiste können hier vorgenommen werden. Im Folgenden erfahren Sie, wie Sie die Bedienung von Windows 10 mit ein paar Tricks noch komfortabler gestalten können.

Der Sperrbildschirm

Wie bei Smartphones, so gibt es auch bei Windows einen Sperrbildschirm, der Fremden den Zugang zu persönlichen Informationen verwehrt. Auf die eigentliche Benutzeroberfläche – den Desktop – gelangt man erst, wenn man sein Microsoft-Passwort eingegeben hat. Das kann auf Dauer ziemlich lästig werden, ganz besonders dann, wenn man eine zu kurze Zeitspanne festgelegt hat, innerhalb der der PC bei Inaktivität in den Energiesparmodus schaltet. Nun kann man diese Zeitspanne ganz einfach verlängern, und zwar in den „Einstellungen". Klicken Sie dazu auf den Start-Button unten links, dann auf das Zahnrad-Symbol und geben Sie unter „System" und „Netzbetrieb und Energiesparen" bei „Energiesparmodus" über das Ausklappmenü einen höheren Wert ein. Alternativ gelangt man über den Start-Button mit einem Klick auf das Profilbild in der linken vertikalen Leiste zu den „Anmeldeoptionen". Wird der persönliche Arbeitsbereich auch von anderen genutzt, empfiehlt es sich allerdings, den PC auch bei kurzer Abwesenheit zu sperren. Dazu klickt man auf den Start-Button, dann auf das Microsoft-Profilbild und „Sperren".

Man kann sich das Leben aber auch vereinfachen, indem man das Passwort einfach auf eine PIN umstellt. Das geht wieder in den „Einstellungen", und zwar über „Konten"

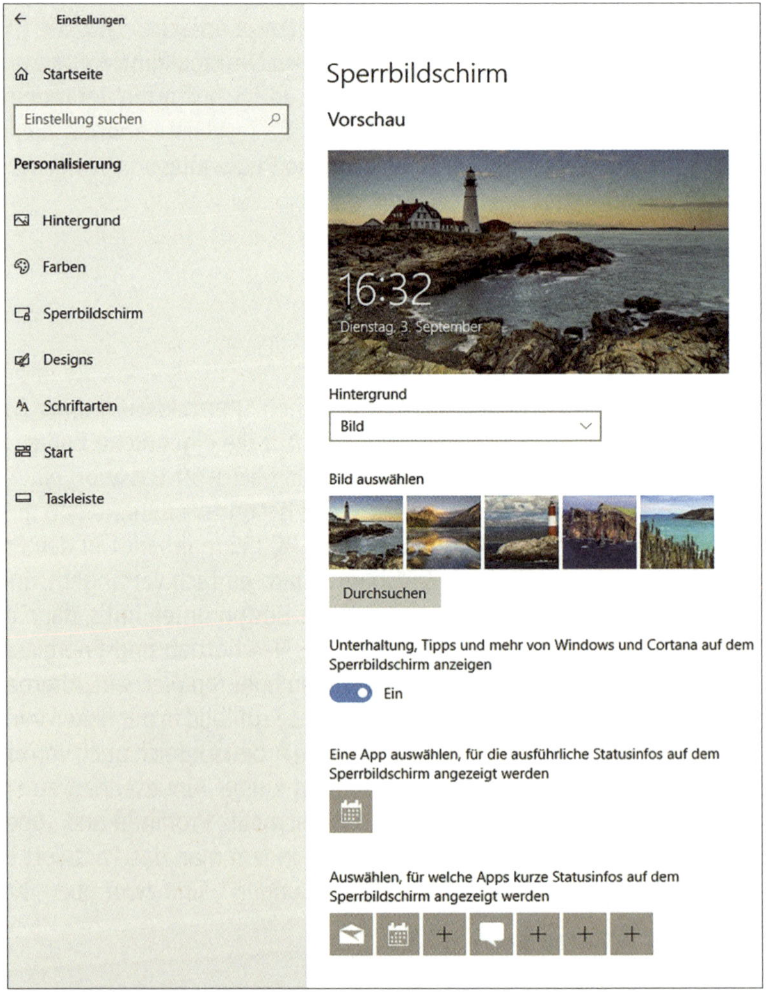
Einstellungen
Startseite
Einstellung suchen
Personalisierung
Hintergrund
Farben
Sperrbildschirm
Designs
Schriftarten
Start
Taskleiste
Sperrbildschirm
Vorschau
16:32
Dienstag, 3. September
Hintergrund
Bild
Bild auswählen
Durchsuchen
Unterhaltung, Tipps und mehr von Windows und Cortana auf dem Sperrbildschirm anzeigen
Ein
Eine App auswählen, für die ausführliche Statusinfos auf dem Sperrbildschirm angezeigt werden
Auswählen, für welche Apps kurze Statusinfos auf dem Sperrbildschirm angezeigt werden

und „Anmeldeoptionen". Unter „PIN" folgen Sie einfach den Anweisungen auf dem Bildschirm und denken Sie sich eine mehrstellige Kennzahl aus – bitte nicht Ihr Geburtsdatum oder etwas für Dritte ähnlich leicht zu Erratendes! Das ist Ihnen nicht sicher genug? Auch das ist kein Problem, zumindest wenn Sie ein Gerät mit Touchscreen verwenden. Dann können Sie nämlich über „Bildcode" auch ein optisches Passwort erstellen, das aus einem selbstgewählten Foto und individuell festlegbaren Gesten besteht. Sie haben keinen Touchscreen und bestehen im Dienste der Sicherheit auf ein komplexes Passwort? Dann haben wir abschließend noch einen Tipp, wie Sie sich die Eingabe wenigstens etwas erleichtern können. Im Sperrbildschirm klicken Sie dazu auf das Augen-Symbol rechts im Eingabefeld und halten die Maustaste gedrückt. Bitte beachten: Das Auge erscheint erst, wenn man bereits mindestens ein Zeichen eingegeben hat! Nun können Sie Ihre eigene Eingabe lesen und vermeiden so Tippfehler.

Das Start-Menü selbst gestalten

Das neue Start-Menü von Windows 10 kann wahlweise mit oder ohne Kacheln benutzt werden. Die Suchfunktion ist identisch mit der aus Windows 8 bekannten. Es genügt, den Namen eines Programms oder einer gesuchten Datei einzutippen. Die Suchergebnisse werden danach wie beschrieben im rechten Feld angezeigt. Sie können das Start-Menü nach Ihrem Geschmack und Ihren Bedürfnissen anpassen, die verwendeten Farben wechseln und vieles mehr. Auch hier nehmen Sie zunächst den Weg über die „Einstellungen", „Personalisierung" und dann „Start". Über „Mehr Kacheln im Start-Menü anzeigen" können Sie beispielsweise den Raum vergrößern, der für App-Kacheln zur Verfügung steht.

Sie können nun entscheiden, ob Sie sich die von Ihnen am häufigsten verwendeten und/oder zuletzt hinzugefügten Apps und/oder die zuletzt geöffneten Elemente anzeigen lassen wollen. „Sprungliste" bedeutet in diesem Zusammenhang, dass Sie rechts neben dem Programmnamen einen Pfeil sehen. Ein Klick darauf öffnet die Liste für den Schnellzugriff. Im gleichen Menü haben Sie auch die Möglichkeit, die im Start-Menü angezeigte Liste anzupassen und unter anderem die Kategorien „Einstellungen" und „Explorer" oder Ordner wie „Dokumente", „Musik", „Videos" zu entfernen beziehungsweise hinzuzufügen. Klicken Sie dazu auf den Hyperlink „Ordner auswählen, die im Menü `Start´ angezeigt werden".

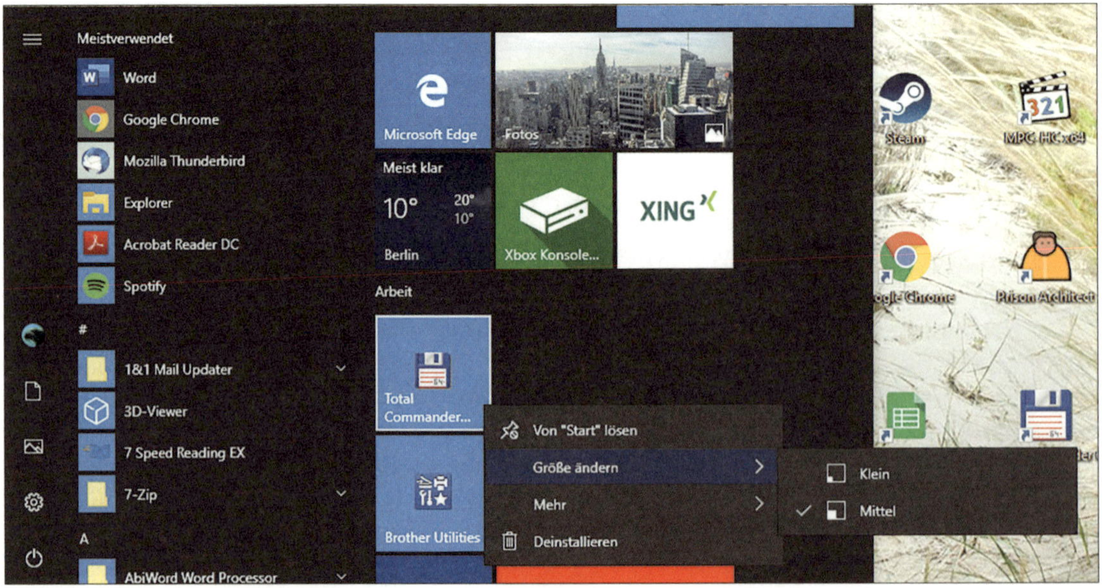

Wenn Sie sich das Start-Menü im Vollbildmodus anzeigen lassen, sind die sonst auf der linken Seite platzierten Apps sowie die Startliste ausgeblendet. Um sie anzuzeigen, klicken Sie auf das „Menü"-Symbol (die drei horizontalen Linien) oben links.

Kacheln anpassen

Die App-Kacheln selbst verwalten Sie direkt auf der Nutzeroberfläche. Klicken Sie mit der rechten Maustaste auf einen beliebigen App-Eintrag im Start-Menü. Wählen Sie dann „An Start anheften". Die App oder der Ordner wird daraufhin im rechten Bereich des Start-Menüs als Kachel angezeigt.

Sie können Ihre Kacheln in Gruppen organisieren, um die Orientierung zu erleichtern. Ziehen Sie dazu eine App, die Sie mit einer anderen zu einer Gruppe formieren wollen, auf diese zweite Kachel (Linksklick auf die Kacheln, Maustaste halten, Kachel ziehen und über der anderen Kachel loslassen). Damit entsteht automatisch eine neue Gruppe, der Sie mit einem Klick auf die darüber automatisch eingeblendete Schrift „Ordner benennen" einen neuen Namen geben können. In einer Gruppe können sich so viele Kacheln befinden, wie Sie wollen. Klicken Sie mit rechts auf eine Kachel und wählen Sie „Größe ändern", um die Kacheln größer oder kleiner zu machen.

Machen Sie das gesamte Start-Menü größer oder breiter, indem Sie mit dem Mauszeiger an den oberen oder seitlichen rechten Rand fahren, bis sich der Mauszeiger in einen Doppelpfeil verwandelt. Klicken Sie mit der rechten Maustaste darauf, halten Sie die Taste gedrückt und ziehen Sie den Rand nach oben oder zur Seite, bis das Start-Menü die gewünschte Größe hat. Lassen Sie die Maustaste los. Alternativ halten Sie die Strg-Taste gedrückt (der Mauszeiger muss sich dabei über dem Kachelbereich befinden) und

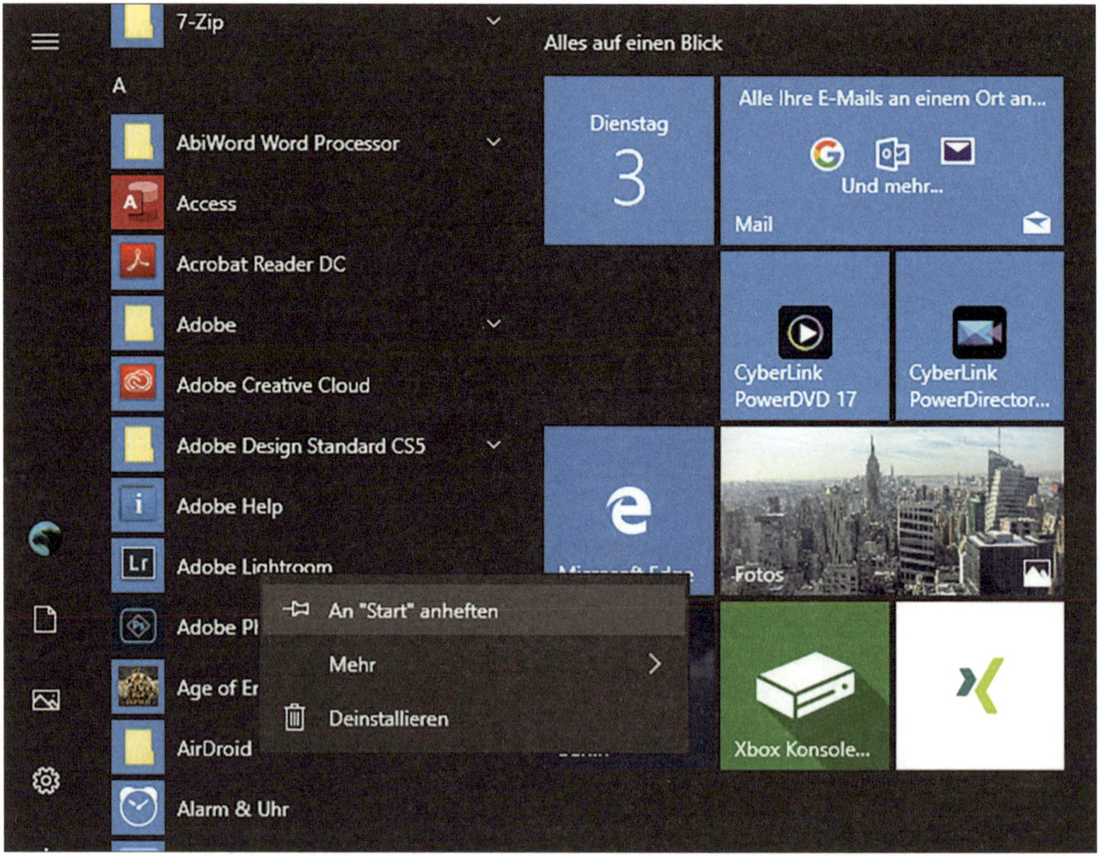
7-Zip
Alles auf einen Blick
A
AbiWord Word Processor
Access
Acrobat Reader DC
Adobe
Adobe Creative Cloud
Adobe Design Standard CS5
Adobe Help
Adobe Lightroom
Age of Er
AirDroid
Alarm & Uhr
Dienstag
3
Alle Ihre E-Mails an einem Ort an...
Und mehr...
Mail
CyberLink PowerDVD 17
CyberLink PowerDirector...
Fotos
Xbox Konsole...
An "Start" anheften
Mehr
Deinstallieren

tippen Sie dann auf den Pfeil nach rechts, um die Darstellung nach rechts zu verbreitern oder auf den Pfeil nach links, um sie wieder schmäler zu machen.

Start-Menü ohne Kacheln

Sie können sich mit den App-Kacheln auch unter Windows 10 nicht anfreunden? Dann entfernen Sie sie einfach! Gehen Sie dabei folgendermaßen vor:

- Lösen Sie alle Kacheln per Rechtsklick vom Start-Menü.
- Gehen Sie mit der Maus an den rechten Rand des Start-Menüs, bis ein Doppelpfeil erscheint.
- Verkleinern Sie das Start-Menü mit gedrückter Maustaste, bis nur noch die Startliste zu sehen ist.

Die Taskleiste clever nutzen

Sie werden sicher bald feststellen, dass die Taskleiste ein praktisches Werkzeug ist, das Sie jeden Tag einsetzen werden. Auch deren Erscheinung können Sie Ihren Wünschen anpassen. Klicken Sie mit rechts auf einen freien Platz in der Taskleiste oder auf die Uhrzeit- und Datumsanzeige und wählen Sie im Kontextmenü „Taskleisteneigenschaften". Hier können Sie unter anderem unter „Infobereich" das Info-Center (siehe ► Seite 93) inklusive der darin enthaltenen Icons und Apps ändern und vieles mehr. Die Optionen sind weitgehend selbsterklärend, weshalb wir uns an dieser Stelle darauf beschränken, die nicht

offensichtlichen Anpassungsmöglichkeiten zu behandeln. Sofern Sie nicht die Option „Taskleiste fixieren" gewählt haben, können Sie die Taskleiste an einen beliebigen Bildschirmrand ziehen. Klicken Sie dazu mit links auf die Leiste, halten Sie die Maustaste gedrückt, ziehen Sie sie beispielsweise an den rechten Bildschirmrand und lassen Sie die Maustaste los. Auch die Breite lässt sich verändern. Fahren Sie mit dem Mauszeiger über den Rand der Leiste damit ein Doppelpfeil erscheint. Klicken Sie darauf und ziehen Sie den Rand nach oben bzw. zur Seite. Nun haben zwei oder sogar drei Reihen von App-Icons darin Platz.

Oder wie wäre es, wenn Sie über die Taskleiste schnellen Zugriff auf einzelne Ordner hätten? Öffnen Sie dazu wieder das Kontextmenü (Rechtsklick auf die Taskleiste), fahren Sie mit dem Mauszeiger über „Symbolleisten" und klicken Sie im Ausklappmenü „Neue Symbolleiste" an. In der erscheinenden Auswahl klicken Sie nun auf den gewünschten Ordner. Der ist nun direkt neben dem Info-Center zu sehen und trägt rechts oben einen kleine Doppelpfeil. Klicken Sie darauf und die Ordnerstruktur öffnet sich, über die Sie nun Ordner öffnen und Dokumente direkt, das heißt ohne Umweg über den Explorer (siehe ► Seite 99f), aufrufen können.

Vollbildmodus

Falls Sie die „Metro"-Startseite aus Windows 8 vermissen: Aktivieren Sie unter „Einstellungen" und „Start" die Option „Menü Start im Vollbildmodus verwenden". Nun wird der Desktop wieder hinter dem Start-Menü versteckt. Diese Einstellung bietet sich durchaus an, wenn Sie vorwiegend mit dem Start-Menü arbeiten und dieses für eine eingeschränkte Ansicht einfach zu groß geworden ist

Transparenz ein- und ausschalten

Praktischerweise wird das Start-Menü standardmäßig leicht transparent angezeigt. Auf diese Weise erkennen Sie ansatzweise, welche Elemente vom Start-Menü verdeckt werden. Falls Ihnen dieser Effekt nicht gefällt oder Sie ihn abschalten wollen, weil Ihr Rechner mit dieser Darstellungsart Probleme hat oder Sie im Akku-Betrieb Energie sparen wollen, dann gehen Sie dazu in die „Einstellungen" und dort in den Bereich „Personalisierung". Stellen Sie unter „Farben" die Option „Start-Menü transparent darstellen" auf Ein oder Aus.

Farbe anpassen

Ob man alle Windows-Elemente in der gleichen Akzentfarbe haben möchte oder lieber mehr Abwechslung hat, ist Geschmackssache. In den „Einstellungen" können Sie unter „Personalisierung" und „Farben" entsprechende Optionen auswählen (alternativ: Klicken Sie mit der rechten Maustaste auf eine leere Stelle auf dem Bildschirm, um über „Anpassen" zum Menü „Personalisierung" zu gelangen). Haben Sie „Automatisch eine Akzentfarbe aus meinem Hintergrund auswählen" aktiviert, trifft Windows diese Designentscheidung für Sie. Ist sie deaktiviert, erscheint eine Auswahl an Akzentfarben, aus denen Sie wählen können.

Tipp. Möchten Sie nun Taskleiste und Start-Menü farblich anders gestalten, dann drücken Sie die Windows-Taste und „R". Geben Sie „Control Color" in das leere Feld ein und bestätigen Sie mit „OK". Sie können nun einen der vorgeschlagenen Farbtöne wählen oder über die unteren Schieberegler einen eigenen abmischen. Damit werden die Farbeinstellungen für das gesamte System geändert. In den Einstellungen muss die automatische Akzentfarbe auf Aus stehen.

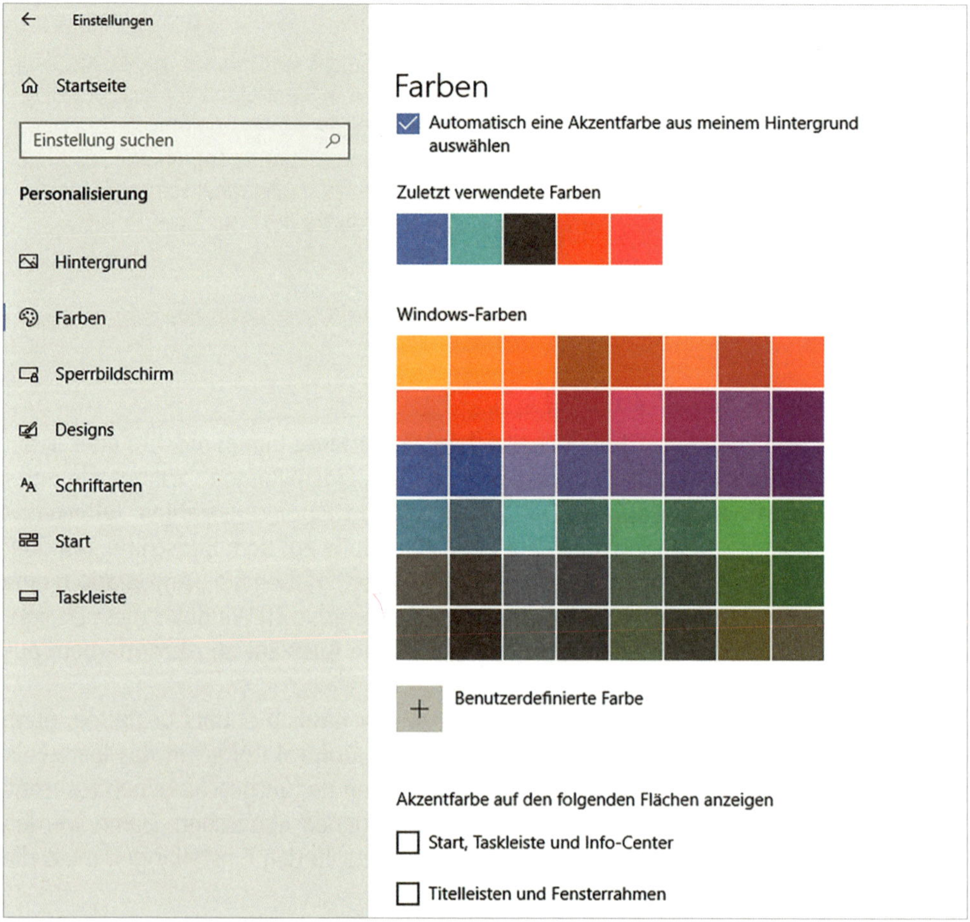
Einstellungen
Startseite
Einstellung suchen
Personalisierung
Hintergrund
Farben
Sperrbildschirm
Designs
Schriftarten
Start
Taskleiste
Farben
Automatisch eine Akzentfarbe aus meinem Hintergrund auswählen
Zuletzt verwendete Farben
Windows-Farben
Benutzerdefinierte Farbe
Akzentfarbe auf den folgenden Flächen anzeigen
Start, Taskleiste und Info-Center
Titelleisten und Fensterrahmen

Den Desktop gestalten

Um den Desktop noch individueller zu gestalten, können Sie das Hintergrundmotiv ganz einfach ändern. Klicken Sie dazu mit der rechten Maustaste auf einen leeren Bereich auf dem Desktop und klicken Sie im Kontextmenü mit der linken Maustaste auf „Anpassen". Sie gelangen zum Personalisierungs-Menü, wo Sie unter „Hintergrund" ein neues Bild auswählen oder im Ausklappmenü „Diashow" wählen, wenn sich die Anzeige in regelmäßigen Abständen ändern soll. Auch für den Sperrbildschirm (die Anzeige, die Sie nach dem Hochfahren sehen, bevor Sie sich angemeldet haben) können Sie eine Personalisierung vornehmen.

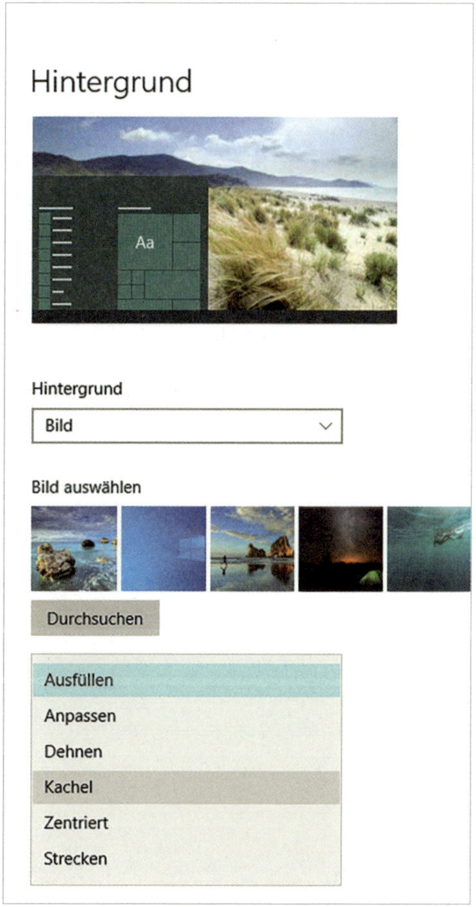

Wollen Sie die Anzeige noch etwas lebhafter gestalten, klicken Sie im Untermenü „Designs" auf den Link „Designeinstellungen". Das ist einer der Momente, wo Windows 10 Sie wieder in die „alte" Systemsteuerung zurückschickt. Im Fenster „Ändern der visuellen Effekte und Sound auf dem Computer" können Sie unter diversen Designs wählen.

„Weitere Designs online beziehen" bedeutet, dass Sie kostenlos Desktop-Designs von einer eigens bereitgestellten Microsoft-Seite herunterladen können. Dabei handelt es sich um Kombinationen aus Bildern, die in regelmäßigen Abständen automatisch gewechselt werden, und bestimmten Soundeffekten für Aktionen wie etwa das Herunterfahren des PCs. Haben Sie also wie auf unserem Beispielbild die „Wasserlandschaften" des Fotokünstlers Mark Nelson installiert, erschrecken Sie bitte nicht, wenn Ihr PC beim Ausschalten ein lautes Plätschern hören lässt.

Tipp. Über „Personalisierung" können Sie Windows auch neue Schriftarten beibringen. Sie installieren sie ganz einfach, indem Sie unter Schriftarten eine Schriftdatei auf das dafür vorgesehene Feld ziehen. Oder Sie kaufen über den Link zum Microsoft-Store neue Schriftarten hinzu.

Programme und Funktionen

Viele praktische Programme werden standardmäßig mitgeliefert. Und auch neue Funktionen sind bereits an Bord.

Windows 10 ist weit mehr als eine Basis, auf der man externe Programme installieren kann. Viele Funktionen sind bereits an Bord – vom Mail-Client über eine erweiterte Dateiverwaltung bis hin zu einem brauchbaren Security-Programm. Im Folgenden möchten wir Ihnen einen Überblick geben über die Möglichkeiten, die Windows 10 bietet – mit dem Fokus auf neuen Funktionen.

Die Suchfunktion

Die Suchfunktion – gestartet durch eine Text- oder Spracheingabe über das Suchfeld in der Taskleiste – wurde nach und nach mit immer neuen Optionen ausgestattet. Sie umfasst mittlerweile diverse Bereiche wie lokal gespeicherte Dokumente, Apps, das Internet und lässt sich – über das Ausklappmenü unter „Mehr" – auch auf bestimmte Objekte wie etwa Fotos, Musik oder Personen eingrenzen. Klicken Sie auf die Menüschaltfläche (die drei Punkte) oben rechts, dann können Sie weitere Suchoptionen festlegen. So können Sie den Suchverlauf auf Geräten, auf denen Sie mit Ihrem Microsoft-Konto angemeldet sind, verfolgen lassen oder auch nicht, oder Sie können den Verlauf, zum Beispiel aus Datenschutzgründen, manuell löschen oder auch ganz ausschalten. Im Grunde lässt sich die Suche unter Windows 10 wie eine Art erweiterter Explorer einsetzen und ist nicht zuletzt deshalb einen näheren Blick wert.

Praktischerweise können Sie über die obere Menüleiste unter anderem wählen, ob Sie Ihre gespeicherten Dokumente, Ihre Mails oder das Web nach dem eingegebenen Begriff durchsuchen wollen. Unter „Letzte Aktivitäten" gelangen Sie schnell zu zuletzt verfolgten Aktivitäten zurück.

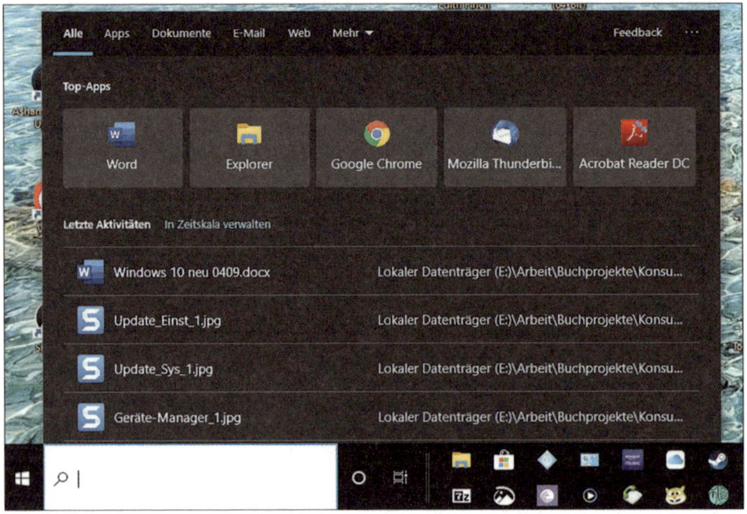
Alle
Apps
Dokumente
E-Mail
Web
Mehr
Feedback
Top-Apps
Word
Explorer
Google Chrome
Mozilla Thunderbi...
Acrobat Reader DC
Letzte Aktivitäten
In Zeitskala verwalten
Windows 10 neu 0409.docx
Lokaler Datenträger (E:)\Arbeit\Buchprojekte\Konsu...
Update_Einst_1.jpg
Lokaler Datenträger (E:)\Arbeit\Buchprojekte\Konsu...
Update_Sys_1.jpg
Lokaler Datenträger (E:)\Arbeit\Buchprojekte\Konsu...
Geräte-Manager_1.jpg
Lokaler Datenträger (E:)\Arbeit\Buchprojekte\Konsu...

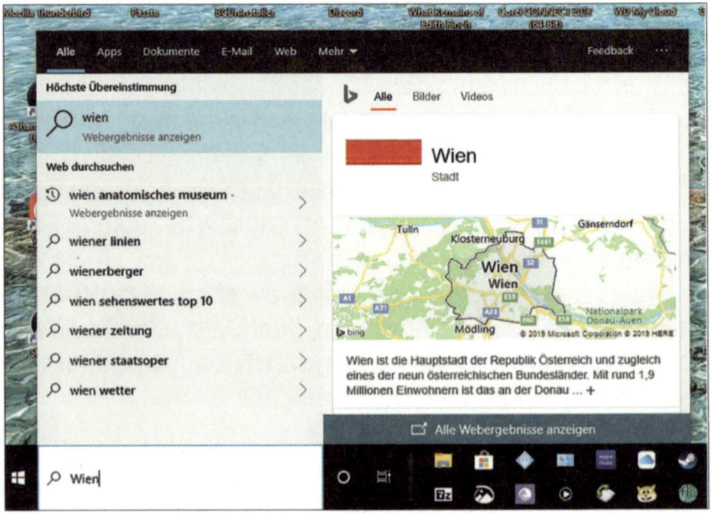
Alle
Apps
Dokumente
E-Mail
Web
Mehr
Feedback
Höchste Übereinstimmung
wien
Webergebnisse anzeigen
Web durchsuchen
wien anatomisches museum -
Webergebnisse anzeigen
wiener linien
wienerberger
wien sehenswertes top 10
wiener zeitung
wiener staatsoper
wien wetter
Alle
Bilder
Videos
Wien
Stadt
Tulln
Gänserndorf
Klosterneuburg
Wien
Wien
Mödling
Nationalpark Donau-Auen
Wien ist die Hauptstadt der Republik Österreich und zugleich eines der neun österreichischen Bundesländer. Mit rund 1,9 Millionen Einwohnern ist das an der Donau ... +
Alle Webergebnisse anzeigen
Wien

Snap-Assist

Diese auf den ersten Blick simple Funktion hat es wirklich in sich und wurde unter Windows 10 noch einmal deutlich erweitert. Konkret geht es darum, dass Sie Fenster an die Bildschirmränder anheften können. Fahren Sie dazu mit dem Mauszeiger über die Titelzeile eines Fensters, also dort, wo der Name der Datei oder des Programms eingeblendet ist, die in diesem Fenster angezeigt werden. Klicken Sie mit links irgendwo auf die Leiste (aber nicht da, wo sich ganz links und ganz rechts die Funktions-Icons befinden), halten Sie die Maustaste gedrückt und ziehen Sie das Fenster an den linken oder rechten Bildschirmrand. Sobald das Fenster dort „andockt", erscheint kurz ein blauer,

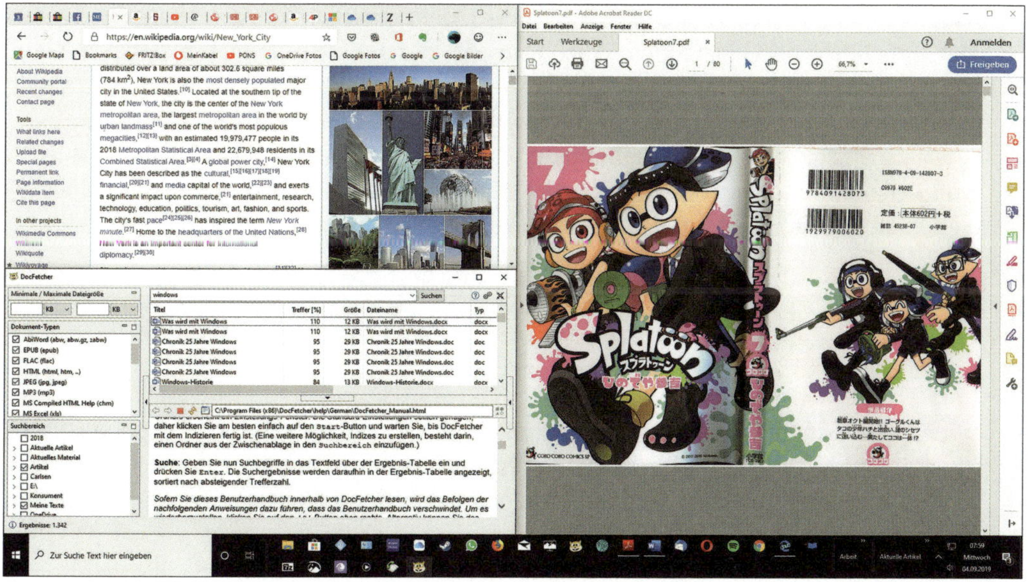

sich ausbreitender Ring. Nehmen Sie nun auf die gleiche Weise ein anderes Fenster und heften Sie es an den anderen Bildschirmrand an. Wie Sie sehen, sind beide Fenster jetzt nebeneinander platziert. Diese Bildschirmaufteilung ist ideal, wenn Sie in zwei Fenstern gleichzeitig arbeiten möchten, beispielweise um Texte zu vergleichen, Inhalte zwischen zwei gleichzeitig geöffneten Apps auszutauschen oder im Internet zu surfen, während Sie gleichzeitig über einen Messenger chatten.

Haben Sie mehr als zwei Fenster geöffnet, erscheinen die restlichen Fenster in einer Miniatur-Übersicht, sobald Sie ein Fenster an einen Bildschirmrand heften. Klicken Sie auf eines der Bilder und es heftet sich automatisch an die andere Seite des Bildschirms.

Sie können Fenster auch in eine der vier Ecken des Bildschirms ziehen. Sie heften sich ebenso an wie bei der Zweiteilung des Bildschirms, nur dass nun bis zu vier Fenster nebeneinander Platz haben. Wieder können Sie nach dem gleichen Prinzip weitere Fenster aus der Miniatur-Ansicht hinzufügen. In allen angedockten Fenstern können Sie direkt arbeiten, wenn Sie das gewünschte kurz mit der linken Maustaste anklicken, per Drag & Drop Inhalte dazwischen verschieben und bequem von Anwendung zu Anwendung springen.

Nach einer kurzen Eingewöhnungszeit geht Ihnen das Arbeiten mit Snap-Assist leicht von der Hand und Sie werden sicher feststellen, dass diese Funktion geniale Möglichkeiten bietet, die Arbeit auf dem Desktop zu organisieren.

Die neue Zwischenablage

Wohl jeder Windows-Nutzer hat einmal die Zwischenablage (englisch „Clipboard") benutzt oder tut das sogar täglich. Mit den Tastaturbefehlen Strg + C, Strg + X und Strg + V zum Kopieren, Ausschneiden und Einfügen kann man Bilder oder Text innerhalb von

Dokumenten, von Datei zu Datei oder von einer Anwendung zur anderen transferieren. Größtes Manko bisher: Man konnte stets nur ein Element in der Zwischenablage speichern, der vorige Inhalt wurde ohne weitere Rückmeldung gelöscht, wodurch man bisweilen durchaus wichtige Bausteine verlieren konnte. Das hat sich in neueren Versionen von Windows 10 zum Glück geändert. Die neue Zwischenablage kann nun bis zu 25 Einträge aufnehmen und diese in einem eigenen Fenster anzeigen. Um die Funktion zu aktivieren, müssen Sie über den Windows-Start-Button und „Einstellungen" (Zahnrad-Symbol) im Bereich „System" unter „Zwischenablage" die Option „Zwischenablageverlauf" auf „Ein" stellen.

Wenn Sie nun – von wo aus auch immer – die Kombination Windows-Taste + V betätigen, werden Ihnen die gespeicherten Elemente untereinander angezeigt und Sie können sie gezielt einfügen. Versehentliches Löschen von Bausteinen durch das Kopieren oder Ausschneiden eines neuen Elements ist damit deutlich schwieriger geworden, denn dazu muss man die Zwischenablage schon mehr als 25 Mal nutzen. Und das Ganze funktioniert sogar geräteübergreifend! Dazu aktivieren Sie in den Einstellungen die Optionen „Auf allen Geräten synchronisieren" und „Meinen kopierten Text automatisch synchronisieren". Aktivieren Sie die zweite Option nicht, können die den zu synchronisierenden Text alternativ über den Zwischenablageverlauf auswählen. Mit der App „SwiftKey Beta" (Link wird in den Windows-„Einstellungen" angezeigt) sind sogar Transfers zu Android-Geräten möglich. Denken Sie aber unbedingt daran, dass auch Unbefugte, die Zugang zu Ihrem Computer erlangen, Clipboard-Inhalte nachträglich einsehen können. Um das zu verhindern, löschen Sie die gespeicherten Daten ganz unten im Bereich „Zwischenablage" in den Einstellungen. (Mehr zum Thema Datenschutz siehe ► Seite 57ff).

Tipp. Für das Arbeiten mit festen Textbausteinen können Sie das Gratis-Tool „Clipboard Master" verwenden, das unter der Adresse www.clipboardmaster.de heruntergeladen werden kann.

Die Mail-App

Windows 10 verfügt über eine vorinstallierte Mail-App, die standardmäßig als Kachel an das Start-Menü angeheftet ist und eine Verwaltung all Ihrer Mail-Konten ermöglicht. Standardmäßig darin eingerichtet ist Ihr Microsoft-Konto, unabhängig davon, ob Sie es für den E-Mail-Verkehr verwenden oder nicht. Der E-Mail-Dienst von Microsoft läuft aktuell unter der Bezeichnung Outlook.com. Besitzen Sie bereits eine ältere E-Mail-Adresse von Microsoft, kann diese aber auch @live oder @hotmail als Adressbestandteil aufweisen.

Wenn Sie mit dem derzeitigen Funktionsumfang zufrieden sind, ersetzt die denkbar schlicht gehaltene und an das Windows-10-Design angepasste App andere Mail-Clients wie Windows Live Mail, Outlook oder Thunderbird.

Einrichten der Mail-App

Um E-Mails aus Gmail, Yahoo! und anderen Konten anzeigen und verwalten zu können, müssen Sie die Mail-App zunächst einrichten. Dazu führen Sie folgende Schritte aus:

- Tippen oder klicken Sie im Start-Menü auf die Mail-App-Kachel.
- Um ein weiteres Konto hinzuzufügen, klicken Sie auf „+ Konto hinzufügen" und wählen Sie danach den gewünschten Kontotyp aus.
- Geben Sie Ihre Zugangsdaten (in der Regel Mail-Adresse und Passwort) ein und klicken Sie auf „Weiter".

- Sie müssen Microsoft nun die Berechtigung erteilen, auf eine Reihe von Informationen aus dem hinzugefügten Konto zuzugreifen.
- Danach erscheint das neue Konto unter „Konten".

Um später weitere Konten hinzuzufügen, klicken Sie in der unteren Menüleiste auf das Zahnrad-Symbol und dann unter „Einstellungen" auf „Konten". Klicken Sie dann auf „+ Mail hinzufügen", wählen Sie die gewünschte Kontoart und geben Sie Ihre Zugangsdaten (Benutzername oder Mail-Adresse plus Passwort) ein. Während das Anmelden standardisierter Konten wie Gmail oder Yahoo! in der Regel gut funktioniert, reichen Mail-Adresse und Passwort bei POP3- oder IMAP-Konten häufig nicht aus, um ein Konto erfolgreich einzurichten. In diesem Fall scrollen Sie in der Liste der Kontenarten ganz nach unten und wählen „Erweitertes Setup". Klicken Sie danach auf „Internet-E-Mail". Hier können Sie nun zusätzlich die Serveradressen Ihres Mail-Providers angeben.

Tipp. Die Serveradressen für POP3, IMAP sowie SMTP („Simple Mail Transfer Protocol", das Standardformat für den Postausgangsserver) richten sich nach Ihrem Mail-Provider. Dort können Sie, falls nicht vorhanden, die genauen Zugangsdaten erfragen oder online abrufen. Alternativ finden Sie im Internet vielerorts Listen mit den Server-Adressen gängiger Provider, etwa unter www.wolfgang-frank.eu/mailserver.php.

Tipp. Sie können ein bestimmtes Konto oder beispielsweise nur den Posteingang oder einen einzelnen Ordner an Ihr Start-Menü anheften, um direkt Zugriff darauf zu haben. Klicken Sie dazu mit der rechten Maustaste auf das Konto (bzw. den Posteingang oder Ordner) und dann mit links auf „An Start anheften".

Über die Windows-10-Suchfunktion (siehe ► Seite 129f) können Sie die Mail-App gezielt nach Namen oder anderen Suchbegriffen durchsuchen. Wählen Sie dazu oben in der Leiste „E-Mail".

Kontenverwaltung und Optionen

Über das Zahnrad-Symbol in der unteren Menüleiste gelangen Sie nicht nur zur Konten-Verwaltung, sondern können auch allgemeine Einstellungen für die Mail-App vornehmen. So können Sie unter anderem unter „Optionen" die Gestensteuerung ein- oder ausschalten. Wenn sie einen Touchscreen benutzen, können Sie die Mail-App bei eingeschalteter Gestensteuerung bequem mittels Wischgesten auf dem Bildschirm bedienen. Außerdem können Sie die E-Mail-Signatur ändern, die standardmäßig „Gesendet von Mail für Windows 10" lautet.

Die Kalender-App

Die Kalender-App gehört ebenfalls zum Funktionsumfang von Windows 10. Sie erreichen sie über das Kalender-Symbol in der Mail-App oder über die Kalender-Kachel des Start-Menüs. Öffnen Sie die Kalender-App, indem Sie auf die Kachel der Kalender-App klicken oder über „Start" – „Alle Apps" – „Kalender". Sind Sie mit einem Microsoft-Konto angemeldet, werden Ihre Einträge beim Anmelden automatisch zwischen Outlook.com und Ihrem PC abgeglichen.

Klicken Sie auf die Menü-Schaltfläche oben links, um die Monatsübersicht zu öffnen (oder zu schließen). Direkt darunter finden Sie alle Kalender, die Sie in Outlook.com angelegt oder aus Gmail importiert haben. Klicken Sie mit links auf den jeweiligen Kalender, um ihn ein- oder auszublenden. Klicken Sie mit rechts auf einen Kalender, um die dafür verwendete Farbe zu verändern. In der oberen Menüleiste können Sie einfach zwischen „Tagesansicht", „Arbeitswoche", „Woche", „Monat" oder „Heute" wählen.

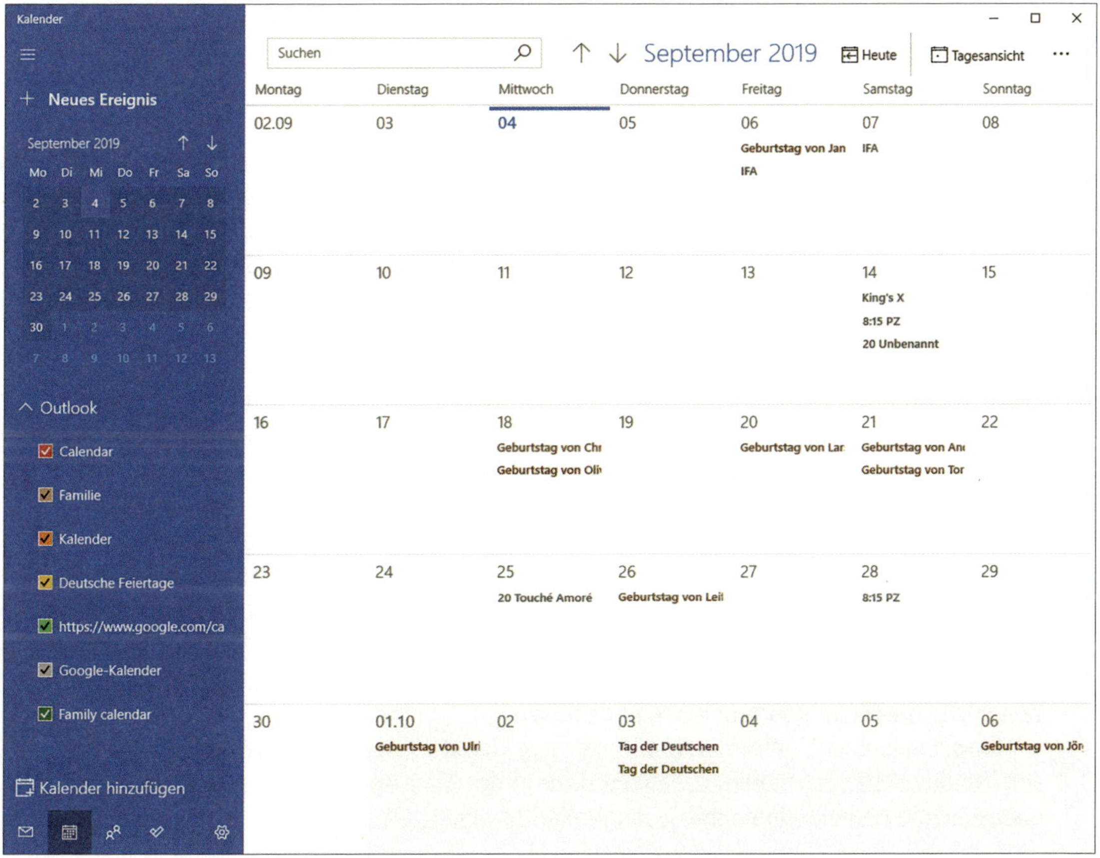
Kalender
Neues Ereignis
September 2019
Mo Di Mi Do Fr Sa So
Outlook
Calendar
Familie
Kalender
Deutsche Feiertage
https://www.google.com/ca
Google-Kalender
Family calendar
Kalender hinzufügen
Suchen
September 2019
Heute
Tagesansicht
Montag Dienstag Mittwoch Donnerstag Freitag Samstag Sonntag
Geburtstag von Jan
IFA
King's X
8:15 PZ
20 Unbenannt
Geburtstag von Chr
Geburtstag von Oli
Geburtstag von Lar
Geburtstag von An
Geburtstag von Tor
20 Touché Amoré
Geburtstag von Lei
Geburtstag von Ulri
Tag der Deutschen
Geburtstag von Jör

Um direkt in der App einen neuen Termin anzulegen, klicken Sie oberhalb der Monatsübersicht auf „+ Neues Ereignis“. In der Eingabemaske können Sie nun alle Details dieses Termins festlegen. Unter „Personen“ können Sie andere zu dem angelegten Termin einladen. Geben Sie dazu einfach den Namen in die Suchmaske oben rechts ein. Hier kommt Ihnen die Verknüpfung von Kalender-, Mail- und Kontakte-App zugute, denn Windows ergänzt den Namen und die Mail-Adresse automatisch aus Ihren Kontakten. Unter Erinnerung können Sie festlegen, ob und wie lange vor einem Termin Sie darauf hingewiesen werden möchten. Handelt es sich um einen regelmäßigen Termin, klicken Sie auf „Wiederholen“, um die Intervalle zwischen den Terminen festzulegen. Über „Kalender hinzufügen“ können Sie neue Kalender anlegen, um beispielsweise berufliche, private und familiäre Termine getrennt zu verwalten.

Tipp. Ganz oben rechts in der Eingabemaske finden Sie die Option „Abdocken“. Diese ist sehr praktisch, wenn Sie mehrere Termine parallel anlegen oder bearbeiten oder miteinander vergleichen wollen. Dann wird der Termin, der ansonsten fest am Kalender sitzt, in einem separaten Fenster geöffnet. Wenn Sie danach z.B. auf „+ Neues Ereignis“ klicken, können Sie beide Eingabemasken nebeneinander platzieren.

Wichtig! Vergessen Sie nach dem Festlegen eines Termins nicht, oben rechts auf „Speichern und Schließen“ zu klicken – sonst war all die Mühe umsonst!

Optionen, die nicht einzelne Termine oder Kalender, sondern die gesamte Kalender-App betreffen, erreichen Sie über das Zahnrad-Symbol unten links. Über „Konten“ können Sie weitere Konten hinzufügen, über „Kalendereinstellungen“ allgemeine Optionen wie die Dauer von Arbeitstagen festlegen.

Tipp. Sie können auch einen (oder mehrere) Google-Kalender mit der Kalender-App von Windows 10 verknüpfen. Legen Sie dazu in der Mail-App ein neues Konto an und geben Sie die Anmeldedaten Ihres Google-Kontos ein.

Daten online verwalten

Ein wesentlicher Vorteil ist die direkte Zusammenarbeit zwischen der Mail-App und dem Kalender. Sobald Sie Ihren Windows-Mail-Account eingerichtet haben, werden die Daten dieses Kontos automatisch in die Kalender-App übernommen. So können Sie Termine mit Kontakten teilen oder diese über Änderungen informieren. Sie können mehre Kalender verwalten – beispielsweise für private und für berufliche Termine.

Unter https://login.live.com (oder auch https://account.microsoft.com) können Sie sich jederzeit mit Ihrem Microsoft-Konto anmelden und Ihre Daten verwalten. Ihr Outlook-Mail-Eingang wird als Erstes angezeigt.

Klicken Sie auf die Schaltfläche „Kontakte", um Ihre Kontakte zu verwalten. Klicken Sie in der oberen Menüleiste auf „+ Neu", um einen neuen Kontakt anzulegen. Vergessen Sie nach der Eingabe der Daten nicht, auf „Speichern" zu klicken. Klicken Sie stattdessen auf den Pfeil rechts daneben, können Sie über das sich öffnende „Ausklappmenü" alternativ eine Gruppe von Kontakten anlegen.

Das Ausklappmenü „Verwalten" rechts daneben ist besonders hilfreich. Über die Option „Kontakte bereinigen" können Sie automatisch nach Doubletten suchen lassen. Außerdem können Sie versehentlich gelöschte Kontakte wiederherstellen oder Ihre Kontakte für die Verwendung unter Outlook (Version 2010 und später) oder andere Programme im CSV-Format herunterladen. Neue Kontakte und andere Änderungen werden automatisch mit der Kontakte-App von Windows 10 synchronisiert, über die Sie natürlich ebenfalls neue Kontakte anlegen können.

Unter „Hinzufügen von Personen zur Kontaktliste können Sie Ihr Microsoft-Konto mit Ihrem Twitter- oder Yahoo!-Konto verknüpfen. Kontakte werden dann immer automatisch zwischen den Konten abgeglichen. Klicken Sie auf „Import starten", um Ihre Kontakte aus Ihrem Google-Konto, anderen Diensten, älteren Outlook-Versionen oder Windows Live

Mail zu übertragen. Ist der Dienst, aus dem Sie Ihre Kontakte übertragen wollen, nicht dabei, müssen Sie die Daten dort über die „Exportieren"-Funktion als CSV-Datei auf Ihre Festplatte oder einen externen Datenträger wie etwa einen USB-Stick speichern. Klicken Sie dann unter „Kontakte importieren" auf „Andere", wählen Sie das Verzeichnis, in dem Sie die Daten gespeichert haben, und importieren Sie sie in Outlook.com.

Die Mail- und die Kontakte-App arbeiten direkt zusammen. Wenn Sie also ein Outlook.com- oder ein (im beruflichen Umfeld verbreitetes) Exchange-Konto hinzufügen, werden Ihre Kontakte automatisch zur Kontakte-App hinzugefügt. Bei allen anderen Konten müssen Sie wie in der Mail-App dieselben Konten zur Kontakte-App hinzufügen, um auf Ihre Kontakte zugreifen zu können.

Der Microsoft-Store

Apple hat damit angefangen, Google wurde damit reich. Nun hat auch Windows eine Verkaufsplattform für Apps, den „Microsoft Store" (mitunter liest man auch die Bezeichnung Windows-Store). Den gab es zwar schon unter Windows 8, doch nun soll das Angebot deutlich ausgebaut werden: So ziemlich alles, was es für iPhone und Android gibt, soll es bald auch für Windows geben. Obwohl Microsoft von diesem ehrgeizigen Ziel noch sehr weit entfernt ist, hat der Microsoft-Store schon so einiges zu bieten. Als ersten Schritt hat der Konzern die Kontrolle der bereitgestellten Inhalte verbessert. Statt Schrott- und Nepp-Apps soll es nun vorwiegend Qualität geben, wozu auch ein verbessertes Bewertungssystem beitragen soll. Ausführliche Beschreibungen, auch in deutscher Sprache, und Screenshots sollen dazu beitragen, dass jeder die App findet, die er wirklich sucht.

Abschied von physischen Datenträgern

Wie die meisten Anwender haben Sie Software bisher wahrscheinlich bevorzugt auf CDs oder DVDs erworben. Die „digitale Distribution", das Herunterladen von Programmen und Anwendungen, hat dem gegenüber einige entscheidende Vorteile: Sie müssen im Handel nicht lange danach suchen, den Datenträger zu Hause in ein Laufwerk einlegen und die Anwendung installieren. Stattdessen kaufen und installieren Sie sie mit wenigen Klicks. Ein Handbuch, wie es früher in den Verkaufsboxen steckte, gibt es zwar nicht mehr. Aber das liegt auch den meisten traditionell auf Disc ausgelieferten Programmen nicht mehr bei. Stattdessen bemühen sich die Programme, selbsterklärend daherzukommen, oder Sie finden Anleitungen dazu online auf den Webseiten des Herstellers. Ob es einem nun gefällt oder nicht: Aus Programmen werden wohl auch bei Microsoft zunehmend Apps.

Einkaufen im Store

Sie finden den Microsoft-Store als Kachel im Start-Menü, als Symbol in der Taskleiste oder unter „Alle Apps" – je nachdem, wie Sie Ihre Benutzeroberfläche konfiguriert haben. Sie erkennen den Store an der Einkaufstasche mit dem Windows-Symbol. Haben Sie die Kachel als Live-Kachel (auch: Live-Tile; gekennzeichnet durch wechselnde Inhalte) aktiviert, werden Ihnen darüber aktuelle Angebot unterbreitet. Das macht Ihr Start-Menü bunter, führt aber auch dazu, dass man den Store manchmal nicht findet, weil man die Kachel auch für eine Foto-App oder ähnliches halten könnte. Die Funktion ist nach Rechtsklick auf die Kachel deaktivierbar. Die Startseite des Microsoft-Stores erschlägt einen mit einer Fülle an „Top-Apps", „Top-Spielen" und Werbebannern für die neuesten Anwendungen – insofern unterscheidet sie sich kaum vom „Google Play"-Store und dem „App Store" von Apple.

Wenn Sie ganz nach unten scrollen, finden Sie „Sammlungen" zu diversen Themen wie „Reise", „Lesen" oder „Sport & Freizeit". Zur ersten Orientierung ist das recht hilfreich. Klicken Sie rechts oben auf „Alle anzeigen", um eine Gesamtübersicht zu bekommen. Das gilt auch für die „App-Kategorien", die Sie über den Hyperlink oben direkt unter den großen Werbebannern erreichen.

Über das Suchfeld oben rechts können Sie bestimmte Apps, deren Namen Sie kennen oder die Ihnen empfohlen wurden, suchen bzw. nach Themenbereichen. Geben Sie einfach den Suchbegriff ein, betätigen Sie die Enter-Taste oder klicken Sie auf das Lupen-Symbol.

Wollen Sie sich eine App näher ansehen, klicken Sie einfach darauf. Nun wird Ihnen eine Übersicht mit näheren Beschreibungen angezeigt. Klicken Sie auf „Mehr", um die ganze Beschreibung anzuzeigen. Über „Teilen" können Sie die App anderen über ein soziales Netzwerk oder per Mail empfehlen. Handelt es sich um eine Gratis-App, steht direkt darunter die Schaltfläche „Kostenlos". Klicken Sie darauf, wird die App heruntergeladen und automatisch installiert.

Aktive oder unterbrochene Downloads werden links neben dem Suchfeld in Form eines nach unten gerichteten Pfeils angezeigt. Klicken Sie gegebenenfalls darauf, um den Download fortzusetzen. Sie können diesen Vorgang unterbrechen oder stoppen. Ist die App erfolgreich installiert, verwandelt sich die „Kostenlos"-Schaltfläche in „Öffnen". Klicken Sie darauf, um die App direkt zu starten.

Achtung! Auch Gratis-Apps werden grundsätzlich als Kauf bezeichnet, das muss Sie also nicht weiter beunruhigen.

Wenn Sie nicht sicher sind, ob Sie die App installieren wollen, schauen Sie sich die Bewertungen anderer Nutzer an. Wenn Sie weiter nach unten scrollen, finden Sie unter „Anderen gefällt auch" alternative Anwendungen, Bildschirmfotos, Features und „Zusätzliche Information". Es lohnt sich immer, auf Letztere einen genaueren Blick zu werfen.

Ist der Herausgeber vertrauenswürdig? Besteht eine Altersbeschränkung? (Wichtig vor allem bei Spielen!) Welchen Speicherplatz beansprucht die App? Auf welche Daten greift die App zu? All das erfahren Sie hier.

Bezahlen im Microsoft-Store

Bevor Sie im Store auf App-Shopping-Tour gehen können, müssen Sie Ihr Microsoft-Konto mit einem gültigen Zahlungsmittel verknüpfen. Das können Sie online unter https://login.live.com tun oder unter https://account.microsoft.com, wo Sie zusätzliche Informationen zum Microsoft-Konto erhalten. Loggen Sie sich mit Ihrem Microsoft-Passwort ein und klicken Sie im oberen Menüband auf „Zahlung und Abrechnung". Sie gelangen zunächst zur Rechnungsübersicht Ihrer letzten Einkäufe. Auch Gratis-Apps erscheinen als „Kauf". Um ein Zahlungsmittel hinzuzufügen, klicken Sie oben auf „Zahlungsoptionen" oder unten auf den Link „Zahlungsoptionen anzeigen". Klicken Sie dann auf „Zahlungsoption hinzufügen", wählen Sie die gewünschte Zahlungsart und geben Sie die dazugehörigen Daten ein. Microsoft akzeptiert Kreditkarten von MasterCard, Visa und American Express, SEPA-Lastschriften und PayPal. Beim Hinzufügen einer Zahlungsoption für den Microsoft-Store müssen Sie außerdem Ihre Adresse und Telefonnummer hinterlegen.

Die Zahlungsoption ist nun mit Ihrem Microsoft-Konto verknüpft und Sie können sowohl in der App als auch unter www.microsoftstore.com einkaufen. Dort können Sie auch andere Microsoft-Produkte wie die Bürosoftware-Suite Office, Surface-PCs, Xbox-Spielkonsolen und Geschenkgutscheine erwerben.

Unter „Filme & TV" können Sie inzwischen sogar Filme und Serien ausleihen oder kaufen und diese dann direkt auf Ihrem PC anschauen.

Geschenkgutscheine und Aktionscodes einlösen

Gutscheine (Guthabenkarten) für den Microsoft-Store kann man im Fachhandel oder online kaufen. Klicken Sie dazu unter www. microsoftstore.com auf „Kaufen" und gehen Sie ganz rechts zum Bereich „Guthabenkarten".

Wenn Sie sich wie oben beschrieben in Ihr Microsoft-Konto eingeloggt haben und sich im Bereich „Zahlungsoptionen" befinden, klicken Sie auf die Schaltfläche „Microsoft-Konto". Dort wird auch Ihr derzeitiges Guthaben angezeigt. Klicken Sie dann auf den Link „Geschenkgutschein einlösen". Geben Sie nun ihren 25-stelligen Gutscheincode ein und folgen Sie den Bildschirmanweisungen. Nach erfolgter Transaktion wird der Betrag Ihrem Konto gutgeschrieben.

Store-Einstellungen

Alle wichtigen Einstellungen nehmen Sie über das Menü vor, das sich hinter Ihrem Microsoft-Profilbild links neben dem Suchfeld verbirgt. Klicken Sie dazu auf „Einstellungen". Klicken Sie auf „Konto anzeigen", „Zahlungsoptionen" oder „Gekauft", um direkt zu Ihrem Microsoft-Konto weitergeleitet zu werden, wo Sie unter anderem Zahlungsoptionen hinzufügen oder eine Übersicht Ihrer Käufe anzeigen können. Natürlich müssen Sie auch dazu wieder das Passwort für Ihr Microsoft-Konto eingeben. Unter „Meine Bibliothek" finden Sie alle Apps und Inhalte, die Sie besitzen – eine Passwort-Eingabe ist dazu nicht nötig.

Interessant ist auch die Rubrik „Downloads und Updates". Dort finden Sie unter anderem eine Liste mit verfügbaren optionalen Updates für Ihre Windows-Apps.

OneDrive

Microsofts Cloud-Speicher OneDrive wurde in den vergangenen Jahren kontinuierlich ausgebaut. In Windows 10 ist der OneDrive-Ordner bereits vorinstalliert. Sie finden ihn im Explorer (siehe ► Seite 99f) in Form eines eigenen Laufwerks im Verzeichnisbaum auf der linken Seite. Falls nicht, können Sie die OneDrive-App unter https://onedrive.live.com/about/de-de/download/ herunterladen und selbst installieren. Sie können Dateien und Ordner einfach in diesen Ordner ziehen, kopieren oder verschieben, und Sie können den Speicher als Ablage für Ihre Daten oder als Sicherungsort für die wichtigsten Dokumente nutzen.

Ist der PC mit dem Internet verbunden, werden die von Ihnen bestimmten Inhalte automatisch synchronisiert. Ihre Daten werden also parallel zur lokalen Speicherung auf der Festplatte in der Cloud abgelegt und Sie können sie bei Bedarf unter der Adresse https://onedrive.live.com/ online abrufen. Wenn Sie OneDrive zum ersten Mal auf Ihrem

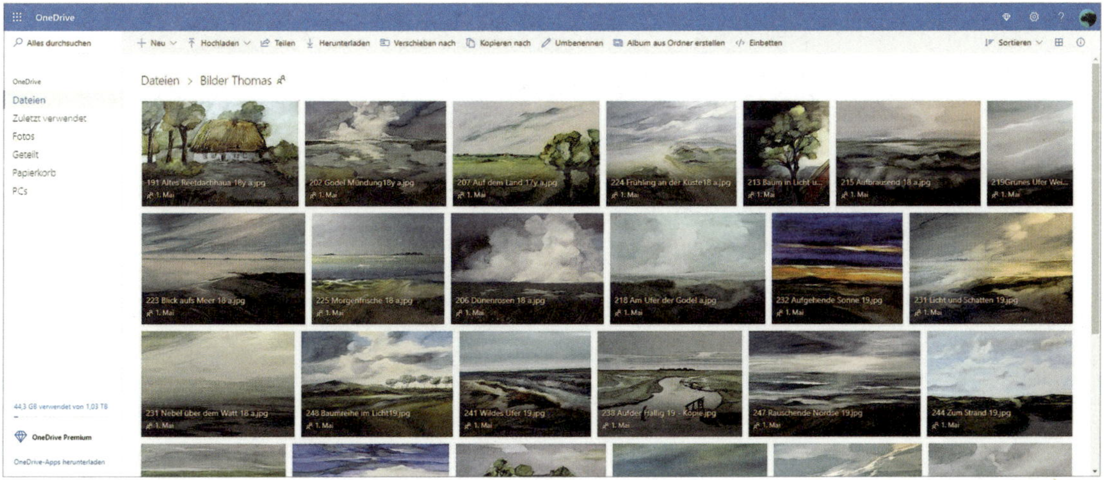

PC starten, werden Sie aufgefordert, OneDrive einzurichten. Standardmäßig sind bei OneDrive folgende Einstellungen aktiviert:

- Fotos, die Sie mit Ihrem Windows-10-Gerät aufnehmen (sofern es über eine Kamera verfügt), werden im Ordner mit den eigenen Aufnahmen gespeichert. Eine Kopie des Fotos mit niedrigerer Auflösung wird automatisch auf OneDrive abgelegt.
- Beim Speichern von Dokumenten wird OneDrive als Standardspeicherort ausgewählt. Sie können jedoch jederzeit auch einen anderen Speicherort für ein Dokument auswählen.
- Windows 10 speichert automatisch eine Sicherungskopie Ihrer PC-Einstellungen auf OneDrive. Falls Ihr PC verloren geht oder irreparabel beschädigt ist, können Sie Ihre Einstellungen also einfach auf einen neuen PC übertragen.

Möchten Sie an diesen Einstellungen Änderungen vornehmen, dann klicken Sie auf das Wolken-Symbol rechts in der Taskleiste und im sich öffnenden Fenster auf „Mehr". Unter „Einstellungen" und dem Register „Sicherung" legen Sie fest, welche Ordner Ihres PCs gesichert werden. Unter dem Register „Konto“ haben Sie Einfluss darauf, auf welche OneDrive-Ordner Sie über den Explorer (siehe ► Seite 99f) direkten Zugriff haben. Unter dem Register „Einstellungen“ können Sie verhindern, dass OneDrive bei der Anmeldung automatisch gestartet wird. Sie können ihn aber bei Bedarf jederzeit manuell starten. Möchten Sie OneDrive hingegen ganz stilllegen, dann klicken Sie unter „Konto“ auf den Link „Verknüpfung dieses PCs aufheben“.

Voraussetzung für die Nutzung von OneDrive ist wie so oft ein Microsoft-Konto. Sie müssen mit einem Microsoft-Konto angemeldet sein, um den Online-Speicher zu konfigurieren und zu nutzen. Beachten Sie im Zusammenhang mit der OneDrive-Nutzung zudem die Ausführungen zum Thema Datenschutzeinstellungen ab ► Seite 57.

Der neue Edge-Browser

Viele Jahre lang war der Internet Explorer in Sachen Browser das Maß aller Dinge und erreichte zu Beginn des neuen Jahrtausends bis zu 95 Prozent Marktanteil. In den vergangen Jahren ließen Konkurrenzprodukte wie der Firefox von Mozilla oder Googles Chrome, die Neuerungen wie Browser-Tabs oder optionale Erweiterungen („Add-ons“) brachten, den Stern des Internet Explorers jedoch dramatisch sinken. Mit Windows 10 führte Microsoft zuletzt den Edge-Browser ein, der viele überfällige Neuerungen brachte, sich aber nie durchsetzen konnte. Nun scheinen die Tage von Edge endgültig gezählt zu sein – zumindest in seiner bisherigen Form. Denn der neue Edge trägt zwar bislang noch den gleichen Namen, nutzt künftig aber als Basis das Open-Source-Programm Chromium, das auch den Kern von Google Chrome bildet. Mittlerweile hat Microsoft unter der Adresse www.microsoftedgeinsider.com/de-de/ die Beta-Version veröffentlicht.

Die Verwandtschaft mit dem Google-Browser wird gleich nach der Installation deutlich. Wählt man beim ersten Start nämlich die entsprechende Option, übernimmt Edge automatisch die Einstellungen und Lesezeichen von Chrome – natürlich nur, wenn man Chrome zuvor benutzt hat. Ein cleverer Schachzug des Windows-Konzerns, um den Nutzern des Marktführers einen Wechsel schmackhaft zu machen. Dreh- und Angelpunkt sind aber die Erweiterungen. Die gab es zwar schon im alten Edge, doch nun sollen grundsätzlich alle Chrome-Zusätze kompatibel sein. Microsoft behält sich allerdings vor, Add-ons über den eigenen Store freizugeben, wohl vor allem aus Sicherheitsgründen.

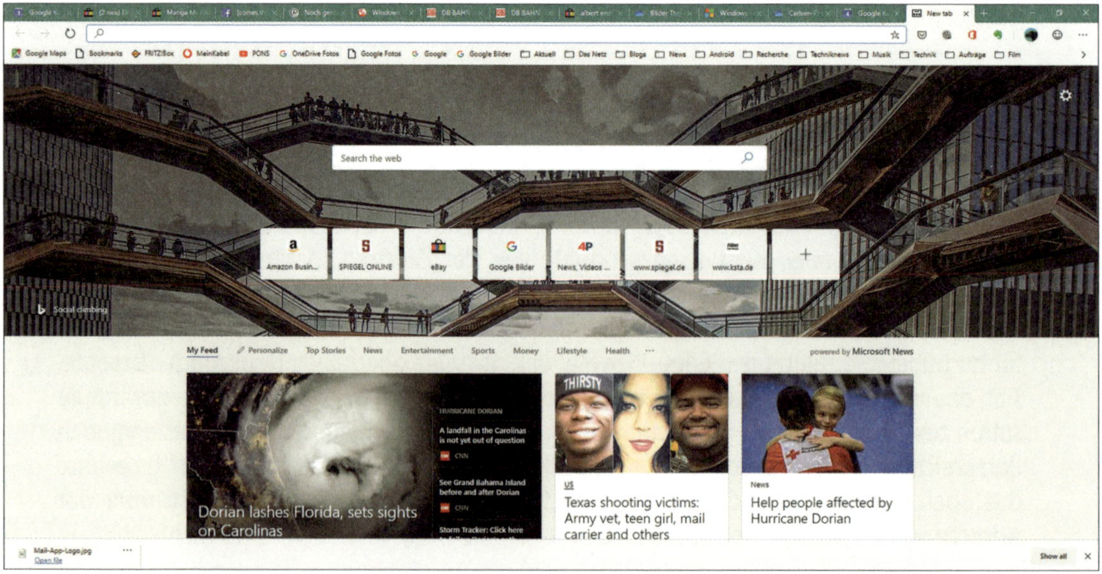

Hinzufügen kann man sie über die Menü-Schaltfläche oben rechts (die drei vertikalen Punkte) und „Erweiterungen". Zumindest in der Beta-Version kann man optional aber auch Erweiterung aus anderen Quellen wählen, zum Beispiel den Web-Clipper des Cloud-Dienstes Evernote. Zum offiziellen Angebot gehören unter anderem Passwortmanager, Video-Downloader und Ausfüllhilfen für Webformulare. Natürlich bietet Microsoft auch eigene Erweiterungen an. Sehr nützlich ist etwa „Office Extension". Über einen speziellen Button kann man damit direkt im Browser auf eigene Dokumente zugreifen.

Grundsätzlich bietet es sich an, das eigene Microsoft-Konto mit dem Browser zu verknüpfen, um Favoriten, Verlauf und andere Daten geräteübergreifend zu nutzen (andernfalls beachten Sie bitte das Kapitel „Datenschutzeinstellungen" ab ► Seite 57ff). Gehen Sie dazu über das Menü zu „Einstellungen" und „Profile". Wenn Sie sich interessehalber durch die „Einstellungen" klicken, werden Sie feststellen, dass Sie den Browser sowohl optisch als auch inhaltlich ziemlich weitgehend Ihren persönlichen Vorstellungen anpassen können. Unter „Sprachen" können Sie mit „Sprachen hinzufügen" weitere Sprachen hinzufügen.

Waren in den frühen Beta-Versionen von Edge die Menüs auf Englisch gehalten, übernahm er zu Redaktionsschluss dieses Buches bereits die Systemsprache. Zwar funktioniert noch nicht alles, aber es ist eben auch nur eine Beta-Version. Microsofts Coup beginnt insgesamt jedoch sehr vielversprechend. Und wie in den goldenen Tagen des Internet Explorers gilt auch heute: Mehr Wahlmöglichkeit bei den Surfprogrammen ist nicht nur zu begrüßen, sondern im Dienste der Informationsvielfalt unabdingbar. Auch Microsoft hat das inzwischen verstanden. So kann man unter „Datenschutz und Dienste" ganz unten bei „Adressleiste" die Suchmaschine ändern, auf der auch die bei Sucheingaben angezeigten Empfehlungen beruhen. Standardmäßig ist das natürlich Microsofts eigene Suchmaschine Bing. Unter „Suchmaschinen verwalten" können Sie sogar Ihre bevorzugte alternative Suchmaschine hinzufügen.

Erleichterte Bedienung

„Erleichterte Bedienung" – das hört sich doch eigentlich ganz vielversprechend an. In der Annahme, dass die unter diesem Namen zusammengefassten Einstellungen primär an Menschen mit Handicap richten, nehmen viele Nutzer die darin schlummernden vielfältigen Möglichkeiten jedoch gar nicht wahr. In älteren Windows-Versionen erreicht man die „Erleichterte Bedienung" über das Start-Menü und „Zubehör". In Windows 10 klickt man auf den Start-Button, das Zahnrad-Symbol („Einstellungen") und wählt dann das Untermenü „Erleichterte Bedienung". Alternativ erfüllt die Tastenkombination Windows-Taste + U den gleichen Zweck. Mit den regelmäßigen Windows-Updates kommen immer wieder neue Funktionen hinzu, etwa ein riesiger Mauszeiger, der sich unter den in der neusten Windows-Version angebotenen Optionen befindet.

Gleich unter „Anzeige" im Bereich „Sehen" kann man die Darstellung von Apps und Text anpassen, aber auch Cursor und Mauszeiger vergrößern. Über „Größe und Farbe des Cursors und Mauszeigers ändern" lässt sich das Erscheinungsbild der Eingabemarkierung in Texten („Cursor") so anpassen, dass man sie bei der täglichen Arbeit in Windows, Office und anderen Programmen besser erkennt. Das ist beispielsweise bei Präsentationen hilfreich, wenn man auf bestimmte Elemente in einem Schaubild hinweisen möchte. Ebenfalls unter „Anzeige" lässt sich festlegen, dass die kleinen Benachrichtigungsfenster, die regelmäßig in der Desktop-Ansicht erscheinen, länger als die voreingestellten fünf Sekunden angezeigt werden. Wer sich schon immer über das viel zu kurze Aufploppen dieser Info-Fenster geärgert hat, kann hier Abhilfe schaffen. Hier stellt man beispielsweise „5 Minuten" ein, um sicherzustellen, dass man keine Benachrichtigung verpasst, auch wenn die Augen nicht permanent am Bildschirm kleben.

Die Benachrichtigungen lassen sich übrigens jederzeit über das Sprechblasen-Symbol rechts unten in der Taskleiste aufrufen.

Bildschirmlupe, Audioausgabe und Tastatur

Nützlich ist auch die Bildschirmlupe, zum Beispiel bei zu klein angezeigtem Text im Internet oder in Tabellen, für das Betrachten von Details in Fotos oder um die Lesbarkeit auf kleineren Bildschirmen zu verbessern. Das Verhalten der Lupe kann ebenfalls in „Erleichterte Bedienung" im Untermenü „Bildschirmlupe" angepasst werden. Um die Lupenfunktion bei Bedarf kurz aufzurufen, muss man nicht den Umweg über die „Einstellungen" gehen. Sie lässt sich aus praktisch jeder Arbeitssituation heraus über die

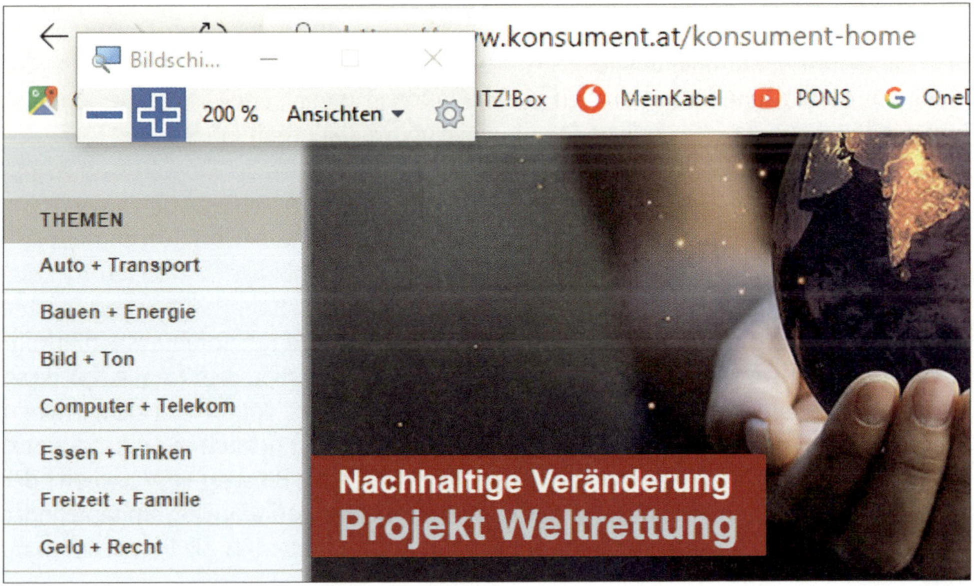

Kombination Windows-Taste + Plus-Taste aufrufen. Über Windows-Taste + Minus-Taste wird die Ansicht wieder verkleinert, die Kombination Windows-Taste + Esc-Taste beendet die Lupe. Alternativ kann man auch das Lupen-Fenster auch über das X oben rechts schließen. Einen Blick wert sind auch die Bereiche „Hörvermögen" und „Interaktion". Im Untermenü „Audio" lassen sich akustische Probleme wie eine insgesamt zu leise Audioausgabe angehen. Über die blauen Textlinks wird man gezielt zu anderen Bereichen der „Einstellungen" geführt, mit dem Pfeil ganz oben links kommt man jederzeit zur vorherigen Ansicht zurück. Bei „Interaktion" geht es um die verschiedenen Eingabemöglichkeiten, also Maus, Tastatur und Sprache. Wer etwa schon immer von der Einrastfunktion genervt war, weil er nach versehentlichem Drücken der Umschalttaste unfreiwillig in Großbuchstaben weitergeschrieben hat, kann dem nun entgegenwirken. Dazu schaltet man die Einrastfunktion im Bereich „Tastatur" ganz aus oder passt sie so an, wie es für einen am besten funktioniert. In den vielen Optionen unter „Erleichterte Bedienung" findet jeder etwas, das die tägliche Arbeit mit Windows dauerhaft erleichtert.

Windows auf dem Smartphone

Windows Mobile, Microsofts Versuch, mit einem eigenen Handy-Betriebssystem erfolgreich zu sein, ist wohl endgültig gescheitert. Ohnehin kann man sich fragen, ob diese Strategie überhaupt noch zeitgemäß ist. Heute geht es eher darum, mit den eigenen Anwendungen und Diensten über alle Gerätegrenzen hinweg präsent zu sein. So bietet Windows 10 zahlreiche Wege, Inhalte wie eigene Dokumente, Browser-Lesezeichen oder Mails auf allen Geräten verfügbar zu machen, sei es nun der stationäre PC, ein Tablet oder ein Notebook. Das gilt auch für Smartphones mit Android oder iOS als Betriebssystem.

Alle wichtigen Dienste und Programme können dort per App installiert werden – ganz regulär über den Google Play Store bzw. den App Store von Apple. Verbindendes Element ist Ihr Microsoft-Konto, mit dem Sie sich überall anmelden können. Umso wichtiger ist es, Ihre Zugangsdaten und vor allem Ihr Passwort zu schützen (siehe ► Seite 183f).

Im Folgenden finden Sie eine Auswahl von Microsoft-Apps, mit denen Sie Windows gewissermaßen in die mobile Smartphone-Welt ausweiten können.

- **OneDrive.** Sie können Office-Dokumente, Fotos, Videos und alle erdenklichen anderen digitalen Inhalte zwischen Ihrem Windows-10-PC und beliebigen anderen Geräten austauschen und 24 Stunden von überall darauf zugreifen, sofern Sie sich mit Ihrem Microsoft-Konto anmelden (mehr zum OneDrive siehe ► Seite 145f).
- **Word, Excel und PowerPoint.** Die Büroanwendungen der Office-Suite lassen sich ebenfalls geräteübergreifend nutzen. Sie stehen als kostenlose Apps in Googles Play Store und im App Store von Apple bereit. Bearbeitete Dokumente speichern Sie in OneDrive, um sie zu synchronisieren. Die Office-Apps bieten allerdings nur die Grundfunktionalitäten der Programme. Um das vollständige mobile Office-Paket mit allen Funktionen nutzen zu

können, müssen Sie Office 365 kostenpflichtig abonnieren, welches Sie dann auch auf Ihrem Computer verwenden können.

- **Outlook.** Auch das Office-Programm zur Verwaltung von E-Mails und Kalendern ist kostenlos als Android- und iOS-App verfügbar. Um ein neues Konto hinzuzufügen, öffnen Sie die App, nachdem Sie sie heruntergeladen und installiert haben, und wählen Sie „Einstellungen" aus. Unter „Kontoeinstellungen" klicken Sie auf „+ Konto hinzufügen" und folgen Sie den Bildschirmanweisungen. Sie können beliebig viele Konten hinzufügen, z.B. auch ein Gmail-Konto.
- **Skype.** Mit Skype können Sie über Ihr Microsoft-Konto Telefonate und Videotelefonate führen und Nachrichten austauschen. Verbindungen zwischen Skype-Nutzern via Internet sind kostenlos. Verbindungen ins Festnetz sind kostenpflichtig, aber – je nach Destination – mitunter deutlich billiger als bei klassischen Anbietern. Abonnenten von Office 365 erhalten monatlich ein Kontingent an Freiminuten für Auslandstelefonate (http://www.skype.com/de).

Der „Microsoft Authenticator"

Um sich Zugang zu Ihren Daten zu verschaffen, brauchen Kriminelle nur eine Mail-Adresse und das dazugehörige Passwort. Damit haben Sie Zugriff auf Ihr Microsoft-Konto und damit unter anderem auch auf Ihre Mails und den Online-Speicher OneDrive. Auch andere Dienste und soziale Netzwerke wie Amazon, Google, Facebook sind oft kaum gegen fremde Zugriffe geschützt. Zum Schutz vor fremden Zugriffen gibt es den kostenlosen „Microsoft Authenticator" für iOS und Android. Sinn der App ist es, die eigene Identität online zu bestätigen und so alle Konten zuverlässig zu schützen. Das Ganze hört sich etwas kompliziert an, ist aber eigentlich keine allzu große Sache.

Der erste Schritt, den Sie tun müssen, spielt sich nicht in der App, sondern innerhalb des Kontos ab, das Sie schützen wollen. Für dieses Konto müssen Sie nämlich zunächst eine „Zwei-Faktor-Authentifizierung" aktivieren. Je nach Kontoart kann diese Sicherheitsfunktion auch „zweistufige Bestätigung" oder „zweistufige Prüfung" heißen. Zum Beispiel Facebook. Gehen Sie in die „Einstellungen" (ganz rechts in der oberen Menüleiste) und dort dann links auf „Sicherheit und Login". Unter „Erweiterte Sicherheitseinstellungen" klicken Sie im Segment „Verwende die zweistufige Authentifizierung" auf „Bearbeiten". Klicken Sie in der Liste unter „Codegenerator" auf „App Dritter" und geben Sie erneut Ihr Facebook-Passwort ein. Bei der nächsten Anmeldung werden Sie nun nicht nur nach Ihrem Kennwort gefragt, sondern müssen Ihre Identität zusätzlich auf einem weiteren Wege bestätigen.

Genau hier kommt die Authenticator-App ins Spiel. Denn damit können Sie Ihr Smartphone verwenden, um Ihre Identität zu verifizieren. Klar, dass Sie Konto und App dazu erst einmal miteinander bekannt machen müssen. Tippen Sie dazu in der App auf „Konto hinzufügen" und scannen Sie mit der Kamera den in Facebook angezeigten QR-Code oder geben Sie den geheimen Schlüssel ein, der direkt darunter angezeigt wird. Die App generiert nun im Minutentakt einen Sicherheitscode. Geben Sie diesen in das Facebook-Dialogfeld ein und bestätigen Sie die Eingabe. Diese aus Sicherheitsgründen immer wieder neu erstellte Zahlenkombination brauchen Sie nun immer zusätzlich zu Ihrem Passwort, um sich neu bei Facebook anzumelden. Ohne Ihr Handy ist also keine Anmeldung möglich, sodass Sie den Schlüssel zu Ihrem Konto nun immer bei sich tragen.

Für andere Konten funktioniert das im Prinzip genauso. Melden Sie sich beispielsweise unter https://account.live.com bei Ihrem Microsoft-Konto an, gehen Sie in den Konto-Einstellungen zu „Sicherheit", klicken ganz unten auf den blau unterlegten Textlink „weitere Sicherheitsoptionen" und „Prüfung in zwei Schritten einrichten". Für iOS-Geräte führt der Weg über die Seite https://appleid.apple.com/at, „Ihre Apple-ID verwalten" und

„Passwort und Sicherheit". Bei Apple heißt das Ganze nun „Zweistufige Bestätigung", die Sie über „Erste Schritte" einrichten. Folgen Sie dann jeweils der Anleitung auf dem Bildschirm. Danach melden Sie das zu schützende Konto in der Authenticator-App an – und das war's. Um sich nicht selbst auszusperren, müssen Sie Ihr Smartphone nun allerdings immer dabei haben.

Tipp. Einen Bericht zur Zwei-Faktor-Authentifizierung am Beispiel des Google-Kontos finden Sie auf www.konsument.at/google-bestaetigung082019.

Medien unter Windows 10

DVD und Blu-ray

Nutzer von Windows 7 Home Premium, Professional, Ultimate und Enterprise mussten sich noch keine großen Gedanken um das Abspielen ihrer DVDs machen: Ob selbst gebrannt oder gekauft – der Windows Media Player spielte Videoformate wie MPEG4, H.264 oder das eigene WMV/VC1-Format anstandslos ab. Seit Windows 8 fehlt das zum Abspielen von DVDs notwendige MPEG-2-Format. Bei der Veröffentlichung von Windows versprach der Konzern, einen kostenlosen DVD-Player im Windows-Store bereitzustellen, und hat, zumindest teilweise, Wort gehalten. Der „Windows DVD-Player" ist bereits im Store verfügbar, kostet dort aber rund 15 Euro. Kostenlos erhalten ihn alle Besitzer von Windows 7 Home Premium, Professional und Ultimate sowie von Windows 8/8.1 mit Media Center. Falls Sie das Upgrade auf Windows 10 von einer Windows-Version mit Media Center durchgeführt haben, wird der Windows DVD-Player laut Microsoft automatisch über ein reguläres Update installiert.

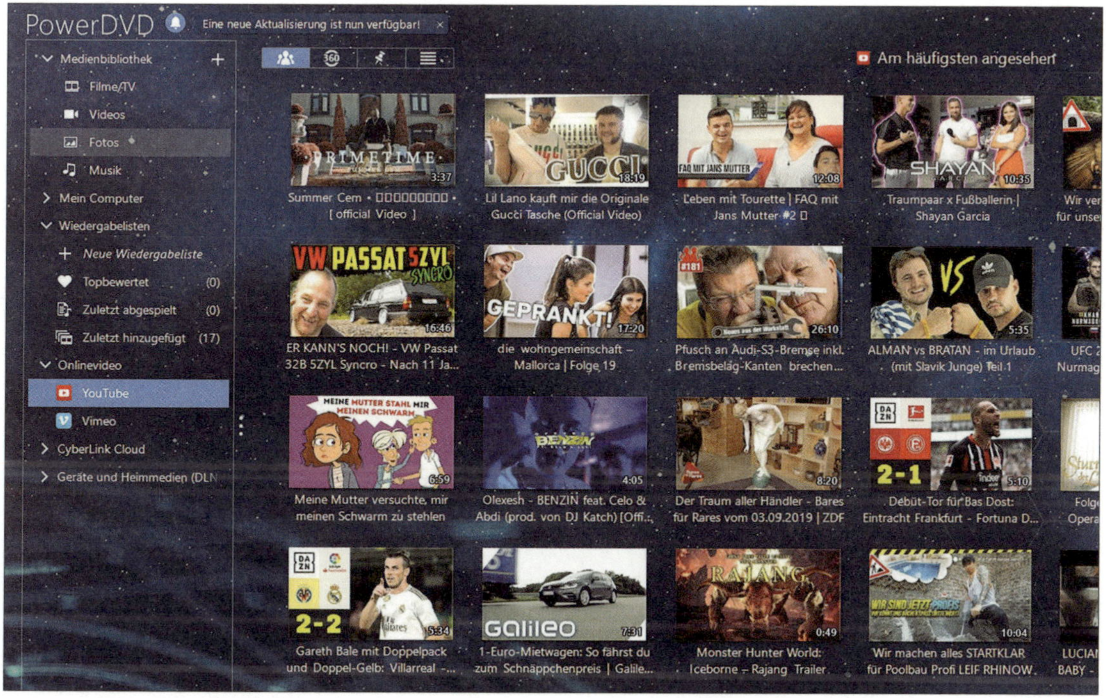

Standard-Apps festlegen

Wie im Fall von Videodateien kann es auch bei anderen Dateiformaten notwendig sein, eine bevorzugte App zum Öffnen auszuwählen. Für gewöhnlich werden Sie beim Installieren eines Programms gefragt, welche Dateiformate Sie standardmäßig mit der neuen

Anwendung öffnen möchten. Sie können aber auch später noch jederzeit Standard-Apps für bestimmte Funktionen oder Datei- und Medienformate festlegen. Gehen Sie dazu über „Einstellungen" und „System" zu „Standard-Apps". Unter „Videoplayer" können Sie nun z.B. den VLC Player auswählen. Wollen Sie einem bestimmten Programm einen Dateityp zuordnen, scrollen Sie im Bildschirm „Standard-Apps" ganz nach unten und klicken Sie auf „Standard-Apps nach Dateityp auswählen".

Wenn Sie auf Ihrem PC auch Blu-rays schauen möchten, kommen Sie mit Gratis-Playern aber leider nicht weit. Um den PC als Medienzentrale inklusive des De-facto-Standardformats für physische Datenträger zu nutzen, ist man auf kostenpflichtige Lösungen angewiesen. „Es gibt zwar mehrere Anbieter von BD-Software (Abkürzung für Blu-ray-Disc; Anm.), doch wer immer die aktuellen Streifen abspielen will, kommt de facto kaum an CyberLink PowerDVD vorbei", schreibt ein renommiertes Fachmagazin. Die beiden Bluray-fähigen Versionen, Pro und Ultra, sind mit rund 50 bzw. 70 Euro zwar recht teuer. Doch die Software arbeitet perfekt mit Windows 10 zusammen und bietet genau die Multimedia-Abspielstation für Filme, Videos, Fotos, Musik und Streaming, die man im Betriebssystem schmerzlich vermisst.

Die Musik-App

Musik-Streaming-Dienste wie Deezer oder Spotify haben die Musikbranche umgekrempelt. Mit Apple Music hat auch Microsofts Erzkonkurrent einen Dienst auf dem Markt, der die Massen mit Klängen aller Art beglücken will. „Groove-Musik", Microsofts Versuch, in das Geschäft einzusteigen, ist als App-Kachel in Windows 10 vorinstalliert. Der Betrieb wurde allerdings Anfang Jänner 2018 eingestellt. In der App findet sich nun nur noch ein Link zum Marktführer Spotify. Dieser wie auch andere Streaming-Dienste bieten auf ihren Webseiten wie im Microsoft-Store Windows-10-Apps zum Herunterladen an. Bei den Millionen Titeln, die diese Dienste heute im Programm haben, bleibt eigentlich kaum etwas zu wünschen übrig. Wenn Sie Spotify stets in einem lokalen Netzwerk – also nicht mobil auf einem Notebook ohne aktive Internetverbindung – nutzen wollen, reicht Ihnen die Gratis-Version völlig. Nur wenn Sie Titel und Playlists auch herunterladen wollen, um sie unterwegs gebührenfrei hören zu können, brauchen Sie ein Abonnement. Sie können Spotify aber auch Musik hinzufügen, die Sie – zum Beispiel auf CD – bereits besitzen.

Beim Konkurrenten Amazon Prime Music haben Sie die Wahl zwischen einem Abo-Modell, das Ihnen unbegrenzten Zugriff auf ein riesiges Musikarchiv gewährt, und dem klassischen CD-Kauf. Kaufen Sie einen physischen Datenträger, der mit dem Hinweis „Auto-Rip" versehen ist (und das sind inzwischen die meisten), bekommen Sie die Download-Version gratis dazu und können diese auch herunterladen und unterwegs offline anhören.

Der Windows Media Player

Auch der Windows Media Player ist bei Windows 10 noch mit an Bord, allerdings etwas versteckt. Sie finden ihn über das Start-Menü unter „Alle Apps". Der große Vorteil ist, dass Sie mit dem Windows Media Player unterschiedliche Arten von Medien verwalten und abspielen können, ohne von App zu App zu wechseln. Auch hier haben Sie die Möglichkeit, externe Speicher wie NAS-Server einzubinden. Sie werden links im Verzeichnisbaum unter „Andere Medienbibliotheken" angezeigt.

Tipp. Findet sich ein Medienserver nicht im Verzeichnis, gehen Sie in der Menüleiste auf „Organisieren" und „Navigationsbereich anpassen" und wählen Sie oben im Aufklappmenü „Andere Medienbibliotheken". Dort sollte nun Ihr Medienserver aufgeführt werden. Klicken Sie ihn an, um ihn zum Verzeichnisbaum des Windows Media Players hinzuzufügen.

Mit dem Windows Media Player können Sie auch CDs und DVDs brennen und Mediendateien auf andere Geräte übertragen. Wechseln Sie dazu oben rechts vom Register „Wiedergabe" ins Register „Brennen" beziehungsweise „Synchronisieren". Die zu übertragenden Mediendateien können Sie in den leeren Bereich darunter per Drag & Drop hinzufügen.

Die Fotos-App

Man muss es so klar sagen: Mit einem vollwertigen Bildbearbeitungsprogramm kann die in Windows 10 vorinstallierte Fotos-App nicht mithalten. Doch für die schnelle Verwaltung Ihrer Aufnahmen ist das schlicht gehaltene Programm perfekt, die integrierte Auto-Optimierung macht ihre Sache ausgezeichnet und verwandelt selbst fade Schnappschüsse in kleine Kunstwerke. Beim ersten Öffnen der Fotos-App werden alle Fotos aus sämtlichen verfügbaren Quellen – Laufwerken, Verzeichnissen und Speicherkarten – zusammengetragen. Sobald Sie unten links auf „Anmelden" klicken und sich mit Ihrem Microsoft-Konto anmelden, werden auch Ihre OneDrive-Ordner hinzugefügt. Nun haben sie alle Ihre Bilddateien zentral und übersichtlich an einem Ort versammelt. Sortiert werden alle Aufnahmen nach Monat und Aufnahmedatum, über die beiden Schaltflächen an der linken Seite kann man sie wahlweise als komplette Sammlung oder in Form von Alben anzeigen lassen.

Wurde ein Ordner nicht in Ihre Sammlung integriert, können Sie ihn nachträglich hinzufügen. Klicken Sie dazu in der Sammlungsansicht (also der allgemeinen Übersicht, die beim Öffnen der App angezeigt wird) unten links unter Ihrem Profilbild auf das Zahnrad-Symbol. Sie können dort unter „Quellen" Ordner hinzufügen oder aus der Sammlung entfernen. Im gleichen Menü können Sie auch die Auto-Optimierung ganz ausschalten, wenn Sie diese Funktion stört.

Klicken Sie in der Ordneransicht auf eine Ordner-Kachel, wird der Inhalt in Form von kleinen Vorschaubildern als Übersicht angezeigt, durch die Sie per Mausrad oder Fingerstreich blättern können. Um ein Bild in der Einzelansicht anzuzeigen, genügt es, es anzuklicken oder anzutippen. Sie können auch weiterhin durch den Ordnerinhalt navigieren, ohne die Ansicht verlassen zu müssen. Alternativ können Sie in der Sammlungsansicht auf ein einzelnes Bild klicken, um die Ordneransicht zu überspringen und direkt zur

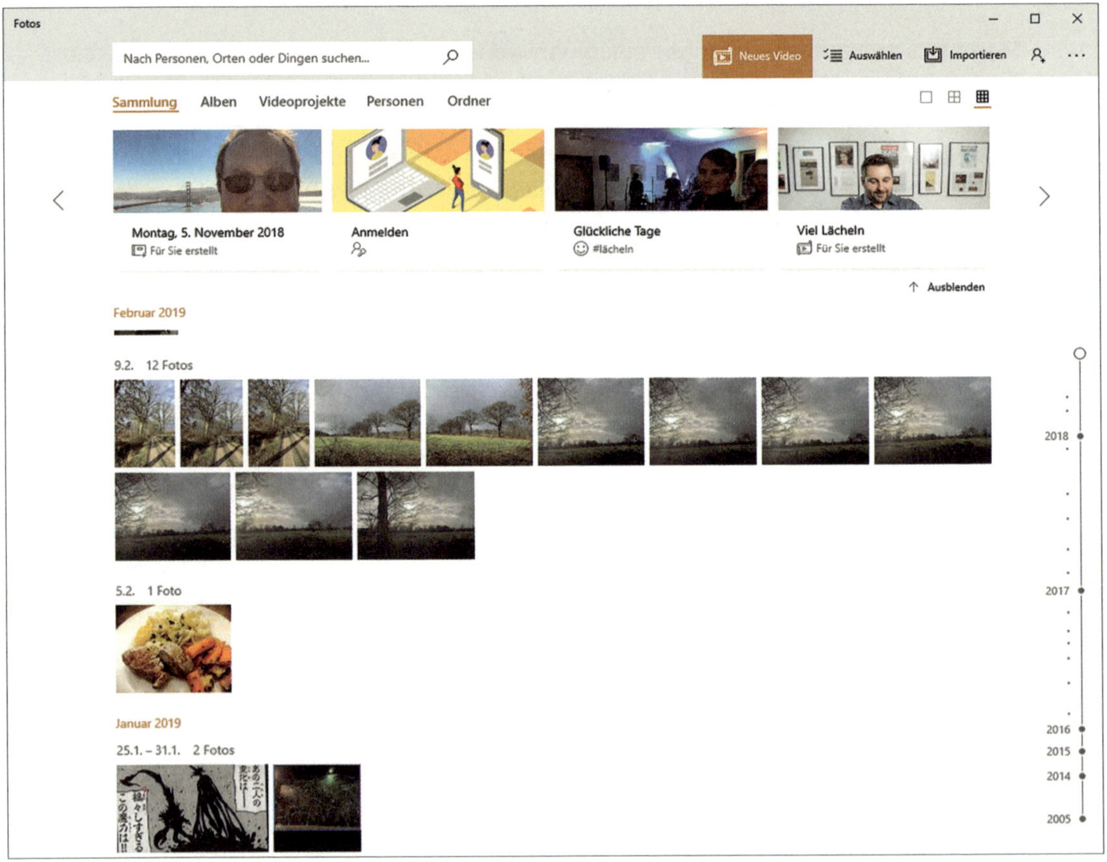
Fotos
Nach Personen, Orten oder Dingen suchen...
Neues Video
Auswählen
Importieren
Sammlung
Alben
Videoprojekte
Personen
Ordner
Montag, 5. November 2018
Für Sie erstellt
Anmelden
Glückliche Tage
#lächeln
Viel Lächeln
Für Sie erstellt
Ausblenden
Februar 2019
9.2. 12 Fotos
5.2. 1 Foto
Januar 2019
25.1. – 31.1. 2 Fotos
2018
2017
2016
2015
2014
2005

Einzelansicht zu gelangen. Über den kleinen Pfeil oben links kehren Sie jeweils zur vorigen Ansicht zurück.

In der Einzelansicht finden Sie am oberen Bildschirmrand ein kleines Menü, mit dem Sie das Bild (allerdings in recht eng gesteckten Grenzen) manuell bearbeiten können. Sie können es drehen (Pfeil-Symbol), Licht, Farbe, Kontrast anpassen sowie diverse Filter darüberlegen (Stift-Symbol), die Auto-Optimierung rückgängig machen (Zauberstab-Symbol) oder löschen (Mülltonnen-Symbol). Ganz links finden Sie außerdem die Teilen-Funktion, über die Sie das betreffende Bild anderen über Facebook, Twitter oder E-Mail zugänglich machen oder in anderen Apps öffnen können.

Tipp. Beim Blättern durch den Ordner verschwindet das Bearbeitungsmenü (es würde beim Betrachten der Bilder ja auch stören). Klicken Sie einfach auf das Bild (oder tippen Sie darauf), um das Bearbeitungsmenü wieder einzublenden. Sie können den Inhalt eines Ordners natürlich auch selbst anpassen. Scrollen Sie dazu in der Ordneransicht ganz nach unten und klicken/tippen Sie dann auf die Schaltfläche „Fotos hinzufügen oder entfernen". Nachdem Sie den Inhalt angepasst haben, klicken Sie oben auf das Stift-Symbol. Sie können nun das Titelbild des Albums austauschen und den Titel nach Belieben ändern. Entspricht das neu erstellte Album Ihren Vorstellungen, öffnen Sie eine einzelne Aufnahme des Albums und klicken oben auf das Diashow-Symbol. Mit wenigen Handgriffen haben Sie innerhalb von ein paar Minuten eine komplette Diashow erstellt. Diese Funktion ist ebenso einfach wie praktisch – z.B. wenn Sie im Urlaub sind und abends auf einem Tablet-PC noch einmal die Höhepunkte des Tages zusammenfassen wollen, um sie Ihren Mitreisenden in gemütlicher Runde in der Hotelbar vorzuführen.

Achtung! Ähnlich wie bei den „Bibliotheken" des Windows-Explorers sind diese Foto-Ordner und Diashows virtuell – die Aufnahmen verbleiben an ihrem ursprünglichen Speicherplatz. Um sie dauerhaft zu verschieben, müssen Sie mit dem Explorer (siehe ► Seite 99f) arbeiten.

Klicken Sie in der Einzelansicht auf das „Mehr"-Symbol (drei Punkte) ganz rechts. In dem sich öffnenden Menü können Sie ganz unten nähere Informationen zur jeweiligen Aufnahme aufrufen. Dazu gehören das Aufnahmedatum, die Größe und die Abmessungen. Ganz unten finden Sie außerdem den Dateipfad und die Quelle. Das ist hilfreich, wenn Sie sich nicht sicher sind, wo die Datei ursprünglich abgelegt worden ist. Sie finden außerdem eine Drucken-Funktion zur Ausgabe auf Ihrem Standarddrucker. Möchten Sie das Foto mit einer anderen Anwendung anzeigen, beispielsweise einem alternativen Bildbetrachter oder Bearbeitungsprogramm, können Sie dies über „Öffnen mit" tun. Wenn Sie in dem unteren Kästchen einen Haken setzen, wird der Dateityp, zu dem dieses Fotos gehört, fortan immer automatisch mit dieser Anwendung geöffnet.

Klicken Sie in der Einzelansicht auf das „Mehr"-Symbol (drei Punkte) ganz rechts. In dem sich öffnenden Menü können Sie das aktuell angezeigte Foto als Sperrbildschirm, Hintergrund oder Fotokachel festlegen, um Ihr Windows-10-Gerät zu personalisieren.

Updates und Upgrades

Zur Vermeidung von Problemen kann es sinnvoll sein, den Computer nicht ausschließlich sich selbst zu überlassen.

Für viel Unmut haben in der Vergangenheit die sogenannten halbjährlichen Funktions-Updates (diese werden wegen ihrer Größe auch „Upgrades" genannt) gesorgt, die Microsoft an Windows 10 vornimmt. Für Verwirrung sorgen sie nach wie vor, denn immer wieder wird etwas an den Einstellungsmöglichkeiten geändert. Grundsätzlich ist es entscheidend, ob man die Home Edition oder eine andere Version besitzt. Denn bei der erstgenannten sind die Optionen, Einfluss auf die Updates zu nehmen, limitiert, wie wir im Folgenden näher ausführen werden. Sicherheitsupdates sollten zeitnah durchgeführt werden, weil damit gefährliche Lecks gestopft werden, durch die Hacker Schädlinge in Ihr System einschleusen können. Sie sind meist nicht besonders umfangreich. Sogenannte kumulative Updates umfassen unterschiedliche Bereiche von Windows und können das Betriebssystem unter anderem auch um neue Funktionen erweitern. Sie sind etwas umfangreicher und machen in der Regel einen Neustart erforderlich.

Manuelle Updates

Microsoft ist dazu übergegangen, Updates für Privatanwender nur in Ausnahmefällen automatisch auszuführen, sondern erst dann, wenn man auf „Herunterladen und Installieren" klickt. Damit umgehen Sie das Risiko, dass Sie Windows zur Unzeit unter Zeitdruck oder mitten in einem größeren Projekt überrascht. Tun Sie das aber nur, wenn Sie Ihre Daten gesichert haben und etwas Zeit mitbringen. Denn gerade bei etwas größeren Updates (oder Upgrades) kann es häufiger zu Problemen kommen. Für ein manuelles Update gehen Sie wie folgt vor:

- Gehen Sie über „Einstellungen" zu „Updates und Sicherheit".

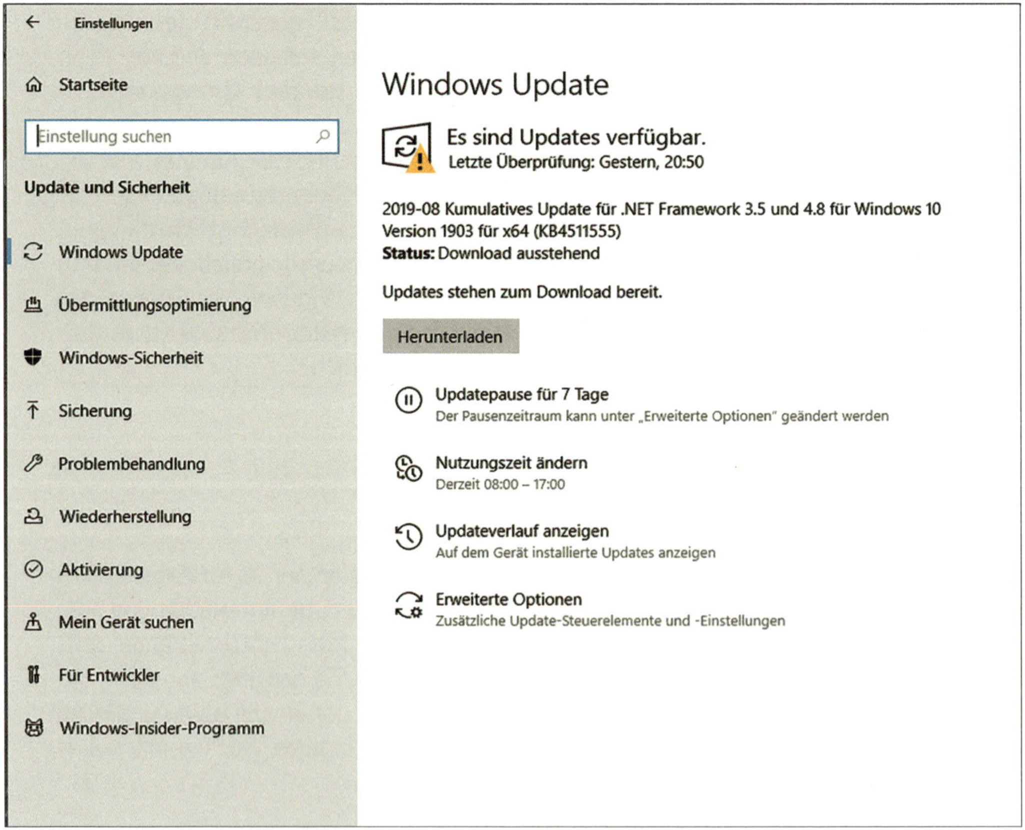
Einstellungen
Startseite
Einstellung suchen
Update und Sicherheit
Windows Update
Übermittlungsoptimierung
Windows-Sicherheit
Sicherung
Problembehandlung
Wiederherstellung
Aktivierung
Mein Gerät suchen
Für Entwickler
Windows-Insider-Programm
Windows Update
Es sind Updates verfügbar.
Letzte Überprüfung: Gestern, 20:50
2019-08 Kumulatives Update für .NET Framework 3.5 und 4.8 für Windows 10 Version 1903 für x64 (KB4511555)
Status: Download ausstehend
Updates stehen zum Download bereit.
Herunterladen
Updatepause für 7 Tage
Der Pausenzeitraum kann unter „Erweiterte Optionen" geändert werden
Nutzungszeit ändern
Derzeit 08:00 – 17:00
Updateverlauf anzeigen
Auf dem Gerät installierte Updates anzeigen
Erweiterte Optionen
Zusätzliche Update-Steuerelemente und -Einstellungen

- Sie finden dort die Schaltfläche „Nach Updates suchen". Klicken Sie darauf und folgen Sie den Anweisungen auf dem Bildschirm, wenn ein Update gefunden wird. (Sie müssen dazu natürlich mit dem Internet verbunden sein.)
- Liegt ein größeres Update vor, werden Sie am gleichen Ort darauf hingewiesen. Die Schaltfläche „Nach Updates suchen" wird dann nicht angezeigt.
- Unter „Ein Neustart wurde geplant" erfahren Sie, wann das Update durchgeführt werden soll. Unter „Uhrzeit für den Neustart auswählen" können Sie dafür einen anderen Zeitpunkt auswählen.
- Um das Update durchzuführen, klicken Sie auf „Jetzt herunterladen und installieren".

Noch einmal: Vor einem Update – insbesondere, wenn es sich um ein „kumulatives Update" handelt, sollten Sie kürzlich angelegte Dokumente und Projekte unbedingt sichern, da bei jedem Update etwas schiefgehen kann. Auch das Erstellen eines Systemreparaturdatenträgers (siehe „Erstellen und Verwenden eines Systemreparaturdatenträgers", ► Seite 198ff) ist empfehlenswert.

Updates lassen sich in bestimmten Grenzen auch aufschieben. Auch damit können Sie verhindern, dass Ihr System möglicherweise gerade dann renoviert wird, wenn Sie es überhaupt nicht gebrauchen können (mehr dazu erfahren Sie auf ► Seite 173f).

Probleme vermeiden

Je umfangreicher die Windows-Updates ausfallen, desto anfälliger ist der Update-Vorgang auch für Fehler. Immer wieder kommt es vor, dass einzelne Dienste und Programme oder sogar der ganze PC lahmgelegt werden. Man spricht von „Bananen-Updates", die im unreifen Zustand übermittelt werden und erst nach und nach, nämlich durch weitere Updates und Patches (= kleinere Programmverbesserungen), „reifen“. Als besonders problematisch erweisen sich sogenannte Upgrades, die Windows neue Funktionen hinzufügen, wobei es komplett neu installiert wird. Ziel sollte es deshalb sein, neue Windows-10-Versionen möglichst spät aufzuspielen, was aber oft leichter gesagt als getan ist.

Schutzmaßnahmen

Zumindest kann man ein paar Tricks anwenden. Eine erste Maßnahme besteht darin, wichtige Daten auf einem externen Datenträger oder in der Cloud zu sichern. Zudem kann man in der klassischen Systemsteuerung von Windows über „System und Sicherheit“, „Sicherheit und Wartung“, „Wiederherstellung“ und „Wiederherstellungslaufwerk erstellen“ einen USB-Stick als Rettungsanker einrichten. Ein eigener Systemreparaturdatenträger (siehe ► Seite 198) auf einer beschreibbaren CD-ROM, zu erstellen über „Sichern und Wiederherstellen“ und „Systemreparaturdatenträger“, enthält wichtige Werkzeuge für den Ernstfall. Wer seine Daten nicht gesichert oder gerade wichtige Arbeiten zu erledigen hat, sollte zudem in den „Einstellungen“ und „Windows Update“ nicht auf „Nach Updates suchen“ klicken. Denn erst damit setzt man die Installation nicht sicherheitsrelevanter Komponenten in Gang, die oft reine Schönheitsreparaturen sind, die sich gefahrlos aufschieben lassen. In allen Versionen, also auch Windows 10 Home, können Sie in den „Einstellungen“, „Update und Sicherheit“ und „Windows Update“ folgenden Schutzmaßnahmen ergreifen:

- Updates für 7 Tage aussetzen. Das bietet sich an, wenn Sie gerade unterwegs sind, Ihre Daten länger nicht mehr gesichert haben, aber das noch nachholen

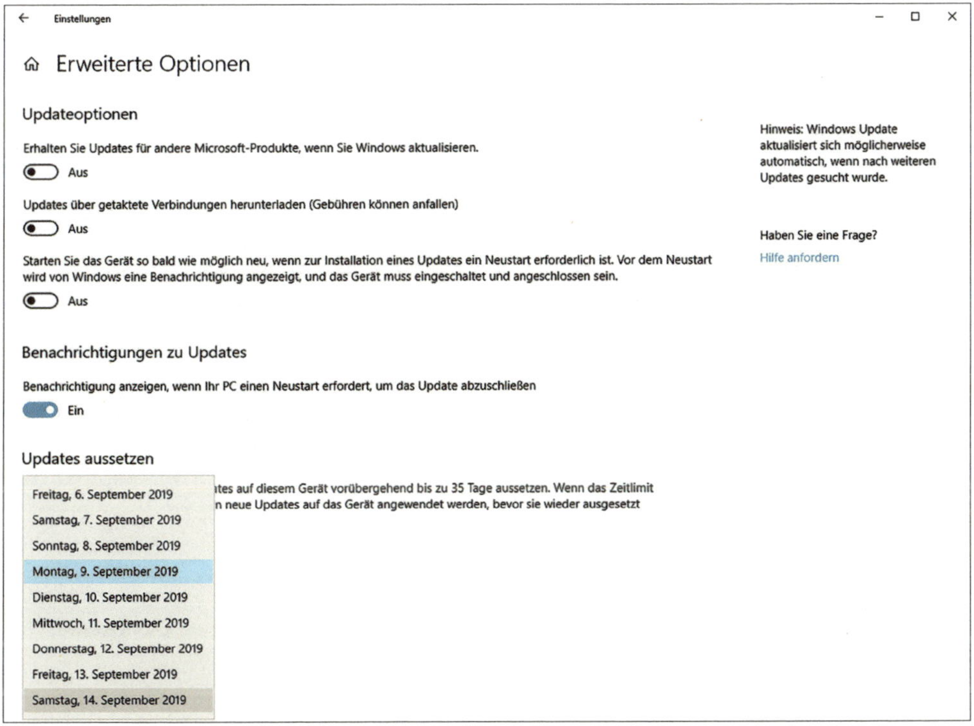

wollen, oder ein wichtiges Projekt verfolgen, bei dem Sie unter keinen Umständen gestört werden wollen. Nutzen Sie die Option aber bitte nicht leichtfertig, da damit auch sicherheitsrelevante Updates ausgesetzt werden. Die Schutzsoftware Windows Defender ist davon aber nicht betroffen.

- Nutzungszeit ändern. Hier können Sie typische Arbeitszeiten angeben, während derer Sie nicht gestört werden wollen.

Über „Erweiterte Optionen" im gleichen Menü können Sie außerdem:

- über „Updates für andere Microsoft-Produkte" Updates für andere Programme wie etwa Office automatisieren (oder die Auto-Aktualisierung abschalten).
- festlegen, dass Updates nur in WLANs durchgeführt werden dürfen, nicht unterwegs. Dazu muss die Option „über getaktete Verbindungen herunterladen" auf „Aus" stehen. Das ist für Notebooks und Tablets mit mobiler Datenverbindung wichtig, wenn Sie auf Reisen nicht von einem Update überrascht werden wollen, für das überdies noch Gebühren anfallen können.

- Einen automatischen Neustart zur Installation eines Updates verhindern. Dazu muss die Option „Starten Sie das Gerät so bald wie möglich neu" auf „Aus" stehen.
- Updates über das Ausklappmenü unter „Anhalten bis" aussetzen. Das ist derzeit bis maximal 35 Tage möglich. Danach müssen Sie die Aktualisierungen durchführen, um wieder die Möglichkeit zu haben, die nächsten Updates auszusetzen.

Die Option „Benachrichtigung zu Updates" sollten Sie dagegen aktivieren, damit Sie von einem Neustart nicht völlig überrumpelt werden.

Eine umfangreiche Hilfestellung zum Thema Windows-10-Updates finden Sie unter der Adresse https://support.microsoft.com/de-de/help/12373/windows-update-faq

Upgrades aufschieben

Wie erwähnt, unterscheiden sich die Verzögerungsoptionen für Funktions-Upgrades zwischen der Home Edition und den anderen Versionen (Pro, Enterprise und Education) erheblich. Immerhin können Besitzer der Home-Variante eine Update-Pause von sieben Tagen einlegen, was beispielsweise dann sinnvoll ist, wenn man gerade an einem zeitkritischen Projekt arbeitet. Dazu geht man über „Start" in die „Einstellungen" in den Bereich „Update und Sicherheit" und „Windows Update". Danach muss man nur noch auf „Updatepause für 7 Tage" klicken. Über „Erweiterte Optionen" kann man die Updates auch länger aussetzen, nämlich bis zu 35 Tage und über das Ausklappmenü „Datum auswählen". Das gilt auch für die regelmäßigen „kumulativen Updates", es sei denn, es müssen Sicherheitslücken geschlossen werden. Besitzer der anderen Versionen finden auf dem gleichen Weg zusätzlich die Option „Installationszeitpunkt für Updates auswählen". Darüber kann man Updates bis zu 365 Tage aufschieben.

Ist das Update unfallfrei über die Bühnen gegangen, sollte man prüfen, ob alles noch so funktioniert, wie es soll. Denn Funktions-Updates lassen sich nur zehn Tage lang rückgängig machen. Das geht in den „Einstellungen" über „Update und Sicherheit" und „Wiederherstellung". Dort klickt man unter „Zur vorigen Version von Windows 10 zurückkehren" auf „Los geht's". Die vorige Installation findet sich in Form einer Sicherungskopie des alten Systems unter dem Dateinamen „Windows.old" und wird ansonsten automatisch gelöscht. Und schließlich ist es immer eine gute Idee, selbst ein regelmäßiges Backup auf einem externen Datenträger zu machen.

„Zwangsupdate" oder nicht?

Wie ausgeführt, sind manuelle Updates inzwischen eher die Regel als die Ausnahme, da Microsoft Updates (und insbesondere größere Upgrades) nicht mehr automatisch installiert. Das beseitigt eine Menge von Problemen, die es vorher bei manchen Nutzern gab. Stellt Windows allerdings fest, dass die aktuell installierte Version so alt ist, dass sie Gefahr läuft, vom Hersteller nicht mehr unterstützt zu werden, wird das Update bzw. Upgrade doch automatisch durchgeführt.

Upgrade per Stick

Mögliche Probleme können auch umgangen werden, indem Sie Windows 10 per Stick erneuern. Das kann auch dann hilfreich sein, wenn Sie ein Upgrade durchführen wollen, das Ihnen Ihr Windows noch gar nicht anbietet. Gehen Sie dabei wie bei einer Neuinstallation vor (beschrieben auf ► Seite 38f). Sie brauchen also auch hier das „Media Crea-

tion Tool" (Download unter www.microsoft.com/de-de/software-download/windows10). Entscheidender Unterschied: Booten Sie nicht vom Stick (da sonst eine Neuinstallation erfolgt), sondern schließen Sie den Stick während des Betriebs an. Gehen Sie dann in den Explorer und doppelklicken Sie auf „setup" bzw. „setup.exe".

Der Windows 10 Update-Assistent

Fall Sie Updates weniger kritisch sehen und das Aktivieren neuer Funktionen auf Ihrem Gerät forcieren möchten (was auch eine Strategie sein kann, Updates zur Unzeit zu vermeiden), können Sie auch den Windows-10-Update-Assistenten benutzen. Er steht unter https://www.microsoft.com/de-de/software-download/windows10 bereit und installiert Funktionsaktualisierungen auf Ihrem Gerät, ohne dass Sie dazu den Weg über die „Einstellungen" gehen müssen.

Tipp. Der Update-Assistent kann auch die Lösung sein, wenn die Installation eines bestimmten umfangreicheren Updates auf dem herkömmlichen Weg wieder und wieder fehlschlägt.

Wenn Sie manuell nach neuen Aktualisierungen und „Qualitätsupdates" suchen möchten, können Sie das über die Seite https://support.microsoft.com/de-de/help/4027667/windows-10-update tun.

Platz sparen und aufräumen

Auf vielen PCs herrscht ein munteres Kommen und Gehen. Ständig werden neue Programme installiert und wieder gelöscht, Updates durchgeführt und durch neue ersetzt. Weil es dabei leicht zu Problemen kommen kann, sind in Windows diverse Sicherungsmechanismen eingebaut, die das System im Ernstfall wieder auf den vorigen Stand zurückbringen.

Achtung! Im Folgenden geht es um die sogenannten Wiederherstellungspunkte, welche die Rücksetzung des Systems in einen in der Vergangenheit liegenden Zustand ermöglichen. Dies ist aber kein Ersatz für ein vollständiges Backup auf einem externen Datenträger (siehe ► Seite 193ff).

Die Steuerung für dieses praktische Auffangnetz finden Sie, indem Sie „Systemwiederherstellung" in das Suchfeld eingeben und die gleichnamige Desktop-App auswählen. Klicken Sie dann in der Registerkarte „Computerschutz" auf „Systemwiederherstellung konfigurieren". Üblicherweise ist das Laufwerk (C:) ausgewählt, denn darauf wird Windows normalerweise installiert. Man kann hier aber auch jedes andere Laufwerk wählen, indem man es in der Liste anklickt und über „Konfigurieren" den Computerschutz aktiviert. Das ist eine praktische Sache, kostet aber leider auch eine Menge Speicherplatz. Gerade auf sogenannten SSDs wird es schnell eng, da diese Art von Datenträger in den größeren Ausführungen immer noch ziemlich teuer ist. Über „Konfigurieren" können Sie selbst festlegen, wie viel Speicherplatz für eine Sicherung maximal bereitgestellt werden darf – oder bereits erstellte Sicherungen löschen. Auf diese Weise können Sie einer ans Limit gekommenen Festplatte wieder etwas Luft zu verschaffen. Dazu sollte man aber ein paar Voraussetzung erfüllen. So sollte man ein aktuelles Backup erstellt haben, was sich ohnehin von Zeit zu Zeit empfiehlt. Außerdem sollte der PC problemlos laufen, damit man nicht in die Verlegenheit kommt, eine der gelöschten Sicherungen am Ende doch noch zu brauchen.

Eine Löschfunktion gibt es auch auf dem eben beschriebenen Weg, nämlich über die Schaltfläche „Löschen". Das Problem: Gelöscht werden damit nicht ein paar, sondern sämtliche Wiederherstellungsdateien. Es empfiehlt sich aber, für Notfälle zumindest die letzte gespeicherte Konfiguration zu behalten. Das klappt über einen Umweg. Tippen Sie „Datenträgerbereinigung" in das Windows-Suchfeld ein. Wählen Sie das (C:)-Laufwerk und bestätigen Sie mit „OK". Nach der Berechnung starten Sie die Datenträgeranalyse erneut, und zwar diesmal über die Schaltfläche „Systemdateien bereinigen". Nun erscheint zusätzlich eine Registerkarte namens „Weitere Optionen". Klicken Sie auf „Bereinigen", um alle Wiederherstellungsdateien zu löschen. Die aktuellste Sicherung lässt Windows automatisch unangetastet. Gehen Sie nun wieder zur Registerkarte mit der Bezeichnung „Datenträgerbereinigung" (alternativ erreichbar über das App-Verzeichnis im Start-Menü und „Windows-Verwaltungsprogramme"). Neben „Temporäre Internetdateien" und „Heruntergeladene Programmdateien" können Sie hier auch bei den Punkten „Windows Update-Bereinigung" und „Protokolldateien für Windows-Updates" ein Häkchen setzen – vorausgesetzt, um das noch einmal zu betonen, Sie sind sich sicher, dass Ihr System einwandfrei läuft. Klicken Sie dann zur Bestätigung auf „OK".

Aber auch Windows selbst macht sich im Laufe der Zeit immer breiter. Schuld daran, so hört man es immer wieder, sei der „Datenmüll", der sich auf der Festplatte sammle und den PC träge und instabil mache. Von diesem Mythos kann man sich getrost verabschieden. Wie leer oder voll der Speicher ist, hat nämlich keinerlei Effekt auf Tempo oder Stabilität. Problematisch wird es allerdings dann, wenn die Software nicht mehr genug Spielraum hat, um reibungslos zu funktionieren. Windows selbst braucht für seine grundlegenden Funktionen zehn bis 20 GB auf dem mit C: benannten Laufwerk – zusätzlich zu dem Platz, den die Systemdateien selbst belegen. Ist die Festplatte in mehrere Bereiche – auch „Laufwerke" oder „Partitionen" genannt – unterteilt, sollte man möglichst keine Fotos, Dokumente oder andere Dateien auf C: ablegen, die nicht zum Betriebssystem gehören.

Wie es um den Speicherplatz bestellt ist, erfährt man im Explorer (siehe ► Seite 99) unter „Dieser PC". Ist eines der Laufwerke auf der rechten Seite rot gefärbt, ist das aber noch kein Grund zur Panik. Denn im Grunde bedeutet das nur, dass mehr als 90 Prozent des Speichers belegt sind. Bei einer Festplattengröße von einem Terabyte hätte man dann immer noch üppige 100 GB übrig.

Oft weiß man leider gar nicht so genau, wer oder was sich da so breit gemacht hat. Wer im Datei-Explorer Datei für Datei durchgeht, braucht dafür Stunden und hat am Ende oft nur eine Handvoll Kilobyte eliminiert. Effektiver ist es, gleich nach den großen Speicherfressern zu fahnden. Dazu markiert man im Explorer links das betreffende Laufwerk, gibt rechts oben in das Suchfeld „größe:" (ohne Anführungszeichen) ein und wählt im nun erscheinenden Ausklappmenü den gewünschten Eintrag. Damit wichtige Hinweise wie das Änderungsdatum, Dateityp und der genaue Verzeichnispfad angezeigt werden, muss man den Explorer auf Detailansicht stellen. Bei Windows 7 ging das über das Ausklappmenü direkt unter dem Suchfeld, bei Windows 10 klickt man auf das linke der beiden kleinen Symbole ganz unten rechts. Auf keinen Fall sollte man dabei aber Dateien löschen, von denen man nicht genau weiß, worum es sich handelt!

Mehr Sicherheit für Windows 10

Die Grundlagen für die Absicherung des Computers hat Windows 10 mit an Bord. Für den Rest müssen Sie als Nutzer sorgen.

Immer wieder liest man, dass Tausende oder gar Millionen von Internet-Accounts gehackt wurden. Für die Betroffenen eine Erfahrung, deren Folgen sie nicht absehen können. Denn sind Datendiebe einmal in den Besitz einer E-Mail-Adresse oder eines Benutzernamens und des dazugehörigen Passworts gekommen, können sie damit private Konversationen einsehen, Online-Speicher knacken, im Namen anderer Nachrichten versenden und Beiträge in sozialen Netzwerken schreiben und, wie im aktuellen Fall, private Informationen veröffentlichen. Die Übernahme fremder Konten ermöglicht es außerdem, die Postfächer weiterer Nutzer mit Spam-Mails zu fluten und auf diese Weise wieder neue Opfer zu finden. Ein Teufelskreis, aus dem es kein Entkommen gibt? Keineswegs. Denn obwohl es eine hundertprozentige Sicherheit wie in der realen, so auch in der digitalen Welt nicht gibt: Eigentlich ist es gar nicht so schwer, sich gegen Angriffe aus dem Netz zu schützen. Unter Windows 10 wird Ihnen das jetzt sogar besonders einfach gemacht, denn mit dem Windows Defender ist bereits ein Sicherheitsprogramm an Bord, das nach vielen

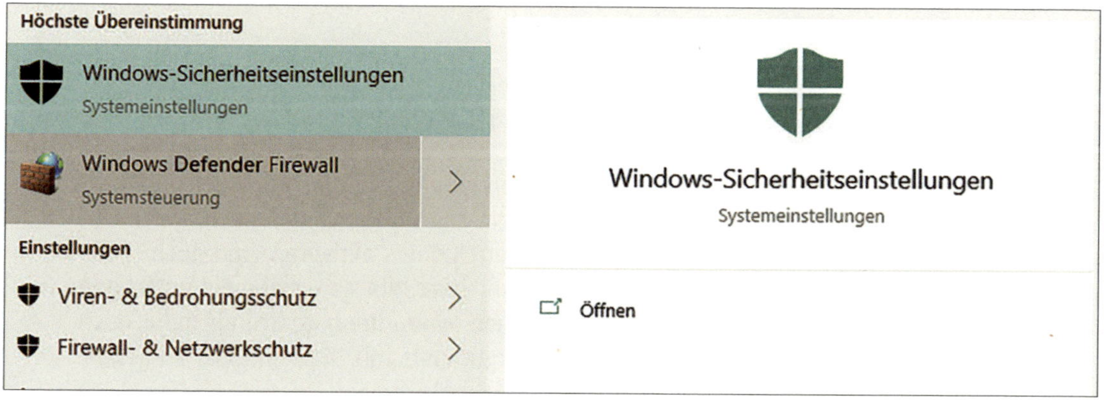

unabhängigen Tests einen ausreichenden Schutz vor Bedrohungen bietet. Ein paar Maßnahmen müssen Sie aber auch selbst treffen.

Maßnahme Nummer eins gegen den Datenklau: alle Geräte und jede darauf installierte Software auf dem neuesten Stand halten. Für die Mehrheit der Nutzer beginnt das mit Windows selbst. Um es ganz klar zu sagen: Es ist sträflicher Leichtsinn, immer noch mit Windows Vista, XP oder gar 98 unterwegs zu sein. Und für Windows 7 läuft die Unterstützung mit Sicherheitsupdates wie bereits erwähnt am 14. Jänner 2020 unwiderruflich ab. Wer nun denkt, die Gefahr sei überschaubar, der irrt. „CVE Details", ein Register, in dem Sicherheitslücken gesammelt und ausgewertet werden, listet für Windows 7 seit seinem Erscheinen im Jahr 2009 insgesamt 1000 Schwachstellen auf. Besonders erschreckend: 229 davon wurden erst im Jahr 2017 gefunden – also rund acht Jahre nach dem Marktstart. Die Verschlüsselungstrojaner WannaCry und Petya konnten sich vor allem über PCs verbreiten, bei denen kritische Lücken nicht geschlossen wurden – weil die Windows-Version veraltet war oder die betroffenen Nutzer kein Update der Software vorgenommen hatten. Die Schäden gingen in die Milliarden.

Regelmäßige Updates sind Pflicht

Unter Windows 10 befindet sich die Update-Verwaltungsoberfläche in den „Einstellungen" im Bereich „Update und Sicherheit". Man kann hier manuell nach neuen Updates suchen, die automatische Installation neuer Updates aktiveren, und auch – wie ab ► Seite 173f beschrieben – Updates verzögern. Zwar gibt es – siehe die unfertigen Upgrades, welche auf die Nutzer losgelassen werden – mitunter gute Gründe dafür, doch sollten Sie im Hinblick auf die Sicherheit Ihres Computers mit Maß und Ziel vorgehen.

Ein dauerhaftes Hinauszögern ist ohnehin nicht möglich. Auch andere Software, insbesondere Antiviren-Programme und Browser, sollte regelmäßig auf den neuesten Stand gebracht werden. Bei Letzteren finden sich die wichtigen Sicherheitsoptionen in der Regel im Menü (in der Menüleiste drei Punkte oder drei Linien) unter „Einstellungen" und „Datenschutz und Sicherheit". Auch andere Geräte wie Smartphone oder Tablet sollte man keinesfalls vernachlässigen und vom System automatisch angebotene Updates stets so rasch wie möglich installieren.

Passwörter gut wählen

Ein großes Problem sind zu simpel gewählte Passwörter. So bietet der Name des eigenen Haustiers keinen Schutz, da er von Dritten leicht erraten werden kann. Eine einfache Ziffer an so ein einfach gestricktes Passwort zu hängen, macht die Sache auch nicht besser. „Hacker haben Werkzeuge, die vollautomatisch alle möglichen Zeichenkombinationen ausprobieren, ganze Wörterbücher einschließlich gängiger Kombinationen aus Worten und angefügten Zahlen testen oder einmal im Internet veröffentlichte Zugangsdaten bei allen möglichen Diensten durchprobieren", so das deutsche „Bundesamt für Sicherheit in der Informationstechnik" (BSI). Ein gutes Passwort sollte deshalb in keinem Wörterbuch zu finden sein.

Ein typischer Fehler ist es auch, das gleiche Passwort für mehrere Accounts zu verwenden. Denn dann können Hacker, die ein Passwort geknackt haben, auf mehrere von dem Betroffenen genutzte Dienste zugreifen, dort die Kontrolle übernehmen und sogar die Zugangsdaten ändern, sodass man selbst gar nicht mehr an seine Daten kommt. Und schließlich sollte man Passwörter in regelmäßigen Abständen austauschen.

Was ist ein „gutes Passwort"?

Ein gutes Passwort sollte mindestens acht Zeichen lang sein, je länger, desto besser. Bei Verschlüsselungsverfahren für WLAN (WPA/WPA2) sollten es sogar 20 Zeichen sein. Voreingestellte Passwörter auf Geräten wie Internet-Routern zu belassen, ist ebenfalls keine gute Idee. Oft sind die Zeichenfolgen für jeden sichtbar auf den Rückseiten der Geräte aufgedruckt. Für ein Passwort können alle erdenklichen Zeichen genutzt werden, also Groß- und Kleinbuchstaben, Ziffern und Sonderzeichen. Bei Reisen ins Ausland sollte man aber daran denken, dass diese auf den dortigen Tastaturen eventuell nicht existieren. Am besten, man verknüpft alle Arten von Zeichen zu einer nicht lesbaren Kombination. Doch natürlich muss man sich diese auch merken können. Hierfür sollte man sich eine geheime Strategie überlegen. So kann man sich einen fiktiven Satz merken und von jedem Wort nur den ersten Buchstaben verwenden und mit den Zahlen eines Datums kombinieren, das nur für einen persönlich Bedeutung hat.

Leider kommt man auch nicht umhin, Passwörter von Zeit zu Zeit zu ändern. Bei der Menge an Accounts, die heute die meisten unterhalten, kann das alles recht mühsam werden. Hier kann man sich mit einem Passwortmanager wie dem kostenlosen „Keepass" (https://sourceforge.net/projects/keepass/) behelfen. Der Passwort-Safe wird auf dem eigenen PC erstellt und bleibt auch dort. Wer seine Code-Datei unterwegs immer dabei haben will, greift zur mobilen Version. Komfortabler sind unter Umständen kommerzielle Lösungen wie „SecureSafe" (https://www.securesafe.com/de). Hier werden die Passwörter auf einem externen Server gespeichert. Der Vorteil ist, dass man von überall darauf zugreifen kann, unabhängig vom gerade benutzten Gerät. Ebenfalls hilfreich: Das Programm kann bei Bedarf automatisch sichere Passwörter erstellen, die sich von Dritten garantiert nicht nachvollziehen lassen. Für die Online-Verwaltung des eigenen Code-Archivs muss man allerdings bezahlen.

Doppelt hält besser

Das digitale Leben wird zunehmend ins Internet ausgelagert. Mail-Dienste, soziale Netzwerke, Messenger und Cloud-Speicher sind lohnende Angriffsziele für alle, die sich fremde Daten aneignen wollen. Als Abwehrmittel bieten die meisten großen Firmen wie Google, Apple, Facebook, Microsoft oder PayPal zudem eine „Zwei-Faktor-Authentifizierung" an, mit der man Webkonten sicherer machen kann. Das funktioniert wie beim Online-Banking, wo neben den Log-in-Daten für jede Transaktion ein zusätzlicher Code abgefragt wird. Je nach Anbieter und Dienst kann diese zweistufige Anmeldung anders heißen, auch die Aktivierungsschritte unterscheiden sich. So muss man beim Google-Konto im Bereich „Sicherheit" (https://myaccount.google.com/security) die „Bestätigung in zwei Schritten" aktivieren. Als Schlüssel dient eine Sicherheitsabfrage per Mail oder SMS, eine Authentifizierungs-App (siehe ► Seite 155) oder ein Sicherheitsschlüssel in Form eines USB-Sticks, den man kaufen und immer bei sich tragen kann.

Tipp. Einen ausführlichen Bericht zur Zwei-Faktor-Authentifizierung finden Sie online auf www.konsument.at/google-bestaetigung082019.

Der Windows Defender

Security-Programme haben in den vergangenen Jahren große Fortschritte gemacht. Der Basisschutz besteht typischerweise aus einem Anti-Malware-Schutz, der auf dem Rechner nach bekannten Bedrohungen sucht, und einer Firewall, die den Datenverkehr zwischen dem Rechner und den Netzwerken, mit denen er kommuniziert, überwacht. Wer seinen Rechner mit Windows 10 betreibt, hat beide Komponenten an Bord. Der Windows

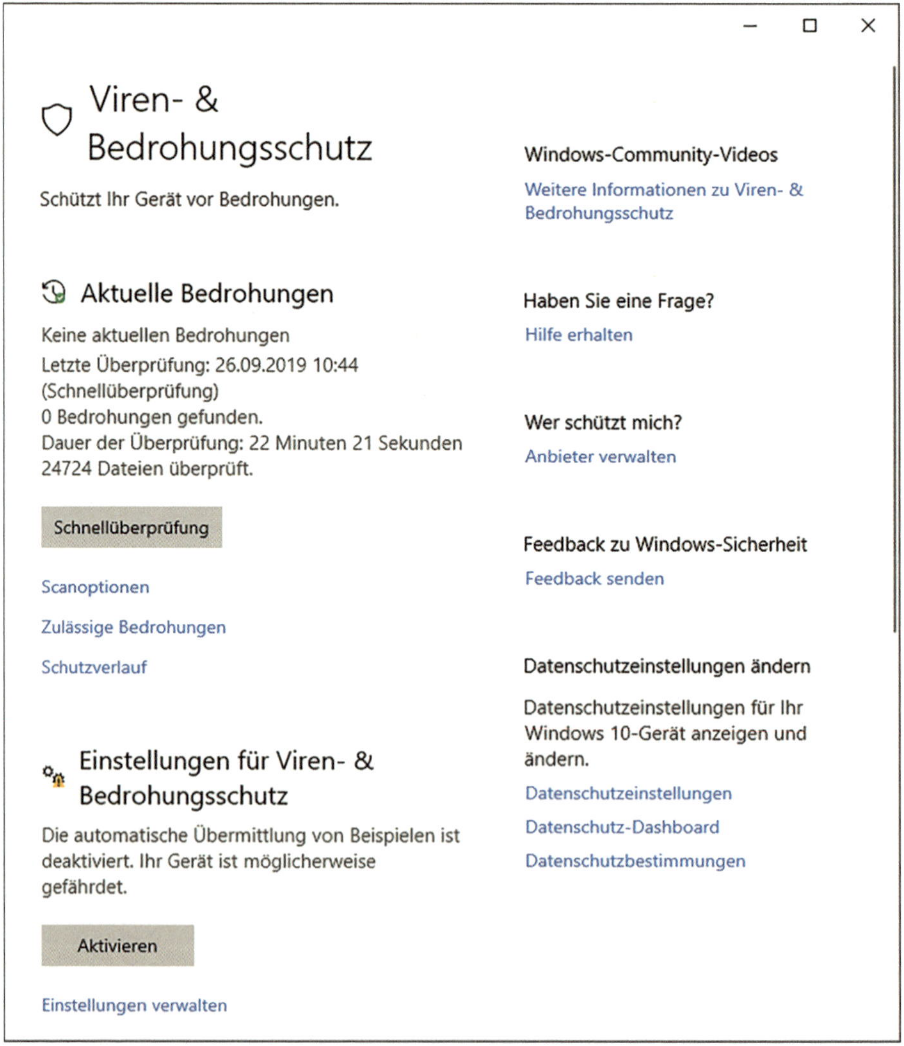
Viren- & Bedrohungsschutz
Schützt Ihr Gerät vor Bedrohungen.
Aktuelle Bedrohungen
Keine aktuellen Bedrohungen
Letzte Überprüfung: 26.09.2019 10:44 (Schnellüberprüfung)
0 Bedrohungen gefunden.
Dauer der Überprüfung: 22 Minuten 21 Sekunden
24724 Dateien überprüft.
Schnellüberprüfung
Scanoptionen
Zulässige Bedrohungen
Schutzverlauf
Einstellungen für Viren- & Bedrohungsschutz
Die automatische Übermittlung von Beispielen ist deaktiviert. Ihr Gerät ist möglicherweise gefährdet.
Aktivieren
Einstellungen verwalten
Windows-Community-Videos
Weitere Informationen zu Viren- & Bedrohungsschutz
Haben Sie eine Frage?
Hilfe erhalten
Wer schützt mich?
Anbieter verwalten
Feedback zu Windows-Sicherheit
Feedback senden
Datenschutzeinstellungen ändern
Datenschutzeinstellungen für Ihr Windows 10-Gerät anzeigen und ändern.
Datenschutzeinstellungen
Datenschutz-Dashboard
Datenschutzbestimmungen

Defender Antivirus, wie die vollständige Bezeichnung lautet, schaltet sich automatisch ein, wenn kein anderes Security-Programm installiert oder aktiviert ist, und wird andernfalls auch automatisch deaktiviert. Wurden Schädlinge früher fast ausschließlich über Signaturen, also aufgrund bereits bekannter Merkmale erkannt, kommen heute wie fast überall in der Digitaltechnik künstliche Intelligenz und maschinelles Lernen zum Einsatz. Damit kann ein Programm schon vorab einschätzen, mit welcher Wahrscheinlichkeit eine Datei eine Bedrohung darstellt, und sie im Zweifel in einer sogenannten Sandbox ausführen, also in einer abgeschotteten Umgebung, ohne dass Schaden am System entsteht.

Laut Brad Anderson, Corporate Vice President, Enterprise Mobility & Security bei Microsoft, gleicht der Windows Defender alle Aktivitäten online mit dem „Intelligent Security Graph" ab. Das ist eine Datenbank, in der das ständig aktualisierte Wissen über alle auf Windows-PCs ausgeführte Programme gesammelt wird. Ist man offline, dient der jeweils neueste Stand als Maßstab, um ungewöhnliche Vorgänge auf dem PC zu erkennen und gegebenenfalls zu stoppen. „Wir können nahezu alle Malware-Aktivitäten sofort innerhalb von Millisekunden blocken", verspricht Anderson. Es ist also kein Zufall, dass der Windows Defender auf 51 Prozent aller Windows-10-PCs als primärer Virenschutz zum Einsatz kommt.

Windows Defender anpassen

Sie können den Windows Defender über „Einstellungen", „Update und Sicherheit" und „Windows-Sicherheit" aufrufen. Diesem Überbegriff wurde der Defender in den jüngeren Windows-Versionen untergeordnet. Wenn Sie nun unter der Überschrift „Schutzbereiche" auf „Viren- & Bedrohungsschutz" klicken, gelangen Sie zu den Defender-Einstellungen. Über die Schaltfläche „Schnellüberprüfung" können Sie einen schnellen Check der häufigsten Bedrohungen durchführen. Für einen zeitaufwendigen manuellen Komplettscan bzw. weitere Überprüfungsoptionen wie den gezielten Scan bestimmter Dateien und Speicherorte klicken Sie auf den Hyperlink „Scanoptionen". Dort finden Sie außerdem die Möglichkeit eines Offline-Scans. Dies ist von Microsoft als Hilfestellung gedacht für den Fall, dass Ihr Computer von einem besonders hartnäckigen Virus befallen wurde.

„Zulässige Bedrohungen", wie die Bezeichnung eines weiteren Hyperlinks lautet, sind in der Regel solche, die vom System fälschlicherweise als Gefahr erkannt und von Ihnen daher zugelassen wurden (weil Sie z.B. ein bestimmtes Programm eines Drittanbieters installieren möchten). Diese Zulassung erfolgt über den Hyperlink „Schutzverlauf", wo Sie einen Überblick über diverse Maßnahmen erhalten, wie beispielsweise vom Defender gestoppte Aktionen. Wenn Sie neben einem Eintrag auf der Liste auf den nach unten weisenden Pfeil klicken, öffnet sich ein Fenster mit Zusatzinformationen und Sie haben die Möglichkeit, die entsprechende Aktion zuzulassen bzw. Einstellungsänderungen vorzunehmen. Tun Sie dies bitte nur, wenn Sie von deren Harmlosigkeit überzeugt sind!

Zu den weiteren Optionen den Windows Defender Antivirus betreffend, lesen Sie bitte den entsprechenden Abschnitt im Kapitel „Datenschutzeinstellungen" ab ► Seite 81.

Die Windows-Firewall

Anwendern ist der Unterschied zwischen Virenschutz und Firewall oftmals nicht klar. Während ein Virenschutzprogramm nach verdächtigen Vorgängen innerhalb des Systems fahndet, überprüft die Firewall den Verkehr zwischen Ihrem PC und Netzwerken bzw. dem Internet. Man könnte also sagen, eine Firewall ist der Grenzschutz Ihres PCs.

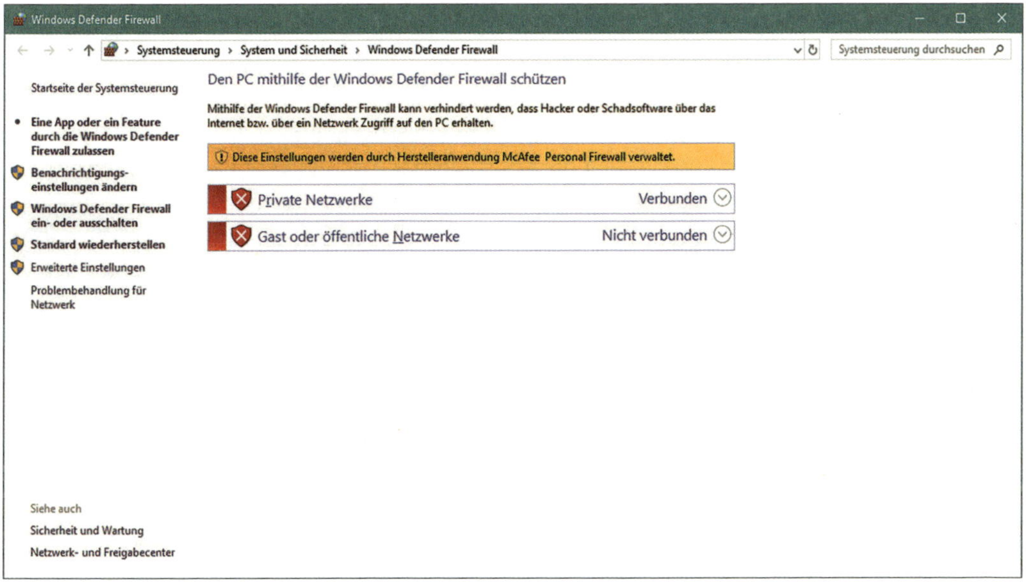

Windows 10 besitzt wie seine Vorgänger eine integrierte Firewall, die den Datenaustausch zwischen PC und Netzwerk überprüft. In der aktuellen Windows-Version wurden jedoch einige Sicherheitsfunktionen hinzugefügt. Neu ist die „Windows-Firewall mit erweiterter Sicherheit". Während die bekannte Windows-Firewall aufpasst, was von draußen kommt, filtert die „erweiterte" Firewall, deren vollständige Bezeichnung mittlerweile „Windows Defender Firewall" lautet, auch ausgehende Datenpakete. Damit soll verhindert werden, dass auf Ihrem PC installierte Anwendungen ohne Ihr Wissen Informationen nach draußen verschicken.

Grundsätzlich unterscheidet Windows zwischen privaten und öffentlichen Netzwerken. Das ist auch gut so, denn ein offenes WLAN in einem Hotel ist natürlich immer viel unsicherer als Ihr eigenes Zuhause. Entsprechend haben Sie selbst die Möglichkeit, für öffentliche Netzwerke deutlich strengere Richtlinien festzulegen.

Für Sie ist die Windows-Firewall meist unsichtbar. Sie tritt aber dann in Erscheinung, wenn Sie eine Anwendung starten, die Windows 10 nicht kennt. Gegebenenfalls werden Sie dann durch eine Warneinblendung darauf aufmerksam gemacht, dass Windows einige Funktionen blockiert hat. Wenn Sie die Anwendung trotzdem laufen lassen wollen, müssen Sie den „Zugriff zulassen". Das sollten Sie aber nur dann tun, wenn Sie genau wissen, dass die Anwendung harmlos ist und ihre Ausführung von Ihnen bewusst gestartet wurde. Um es hart zu sagen: Gegen blauäugige Nutzer, die alle Warnungen in den Wind schlagen, ist die beste Firewall machtlos!

Die Windows-Firewall versucht, aus Ihren Entscheidungen zu lernen und merkt sich Ihre Eingaben. Sie können die Firewall aber auch selbst aufrufen und festlegen, wie restriktiv Sie Ihr System schützen wollen. Wie das genau funktioniert, erfahren Sie im Folgenden.

Beachten Sie: Um Anpassungen an der Firewall vorzunehmen – was wir im Übrigen nur versierteren Nutzern empfehlen –, müssen Sie über Administratorrechte verfügen.

Schritt 1. Um die Firewall aufzurufen, geben Sie in das Suchfeld der Taskleiste „Systemsteuerung" ein und rufen diese über die Trefferliste auf. Wählen Sie dann die Übersicht „System und Sicherheit" und „Windows Defender Firewall".

Schritt 2. Klicken Sie links auf „Windows Defender Firewall ein- oder ausschalten", um die Einstellungen für die unterschiedlichen Netzwerktypen zu überprüfen und gegebenenfalls anzupassen. Sie können nun unter anderem festlegen, dass in öffentlichen Netzwerken alle eingehenden Verbindungen blockiert werden sollen. Wenn Sie nicht jedes Mal benachrichtigt werden wollen, wenn die Firewall den Internetzugriff einer Anwendung blockiert, entfernen Sie das Häkchen vor dem Eintrag „Benachrichtigen, wenn …“. Über den Pfeil oben links kehren Sie jeweils zur Hauptseite der Firewall zurück.

Schritt 3. Wenn Sie festlegen wollen, welche Anwendungen in welcher Art von Netzwerk Verbindung mit dem Internet aufnehmen dürfen, klicken Sie auf der Hauptseite der Firewall auf „Eine App oder ein Feature durch die Windows-Firewall zulassen“. Die nun angezeigte Liste ist das Ergebnis Ihrer früheren Entscheidungen, wenn Windows Sie fragte, ob Sie einen Zugriff zulassen wollen oder nicht. Durch das Setzen oder Entfernen von Häkchen können Sie nun genau bestimmen, wie sich die Windows-Firewall in bestimmten Situationen verhalten soll.

Schritt 4. Wenn Sie sich schon etwas näher mit der Funktionsweise der Firewall auseinandergesetzt haben, haben Sie unter „Erweiterte Einstellungen“ die Möglichkeit, Regeln für die Firewall zu erstellen. Es gibt „Eingehende Regeln“ und „Ausgehende Regeln“. Darüber können Sie beispielweise Datenpakete, die ansonsten geblockt würden, an der Firewall vorbeischleusen.

Schritt 5. Klicken Sie im Fenster „Erweiterte Einstellungen“ rechts auf „Eigenschaften“. Hier finden Sie weitere Konfigurationsmöglichkeiten für das Verhalten der Firewall. Gehen Sie beispielsweise im Register „Privates Profil“ (die Optionen hier beziehen sich auf das Verhalten der Firewall in privaten Netzwerken) neben dem Eintrag „Geschützte Netzwerkverbindungen“ auf „Anpassen“ und entfernen Sie das Häkchen vor „Bluetooth“, wenn Sie möchten, dass die Windows-Firewall über Bluetooth versendete Daten von der Überprüfung ausnimmt.

Schritt 6. Sollten Sie unsicher sein, ob Sie eventuell ungünstige Einstellungen an der Firewall vorgenommen haben, klicken Sie auf der Hauptseite auf „Standard wiederherstellen" und alles ist wieder beim Alten.

Achtung. Wenn Sie eine externe Schutzsoftware installiert haben, die eine Firewall enthält, wird die Windows-Firewall automatisch deaktiviert.

In absehbarer Zeit wird die Windows Defender Firewall wohl von der alten Systemsteuerung vollständig zu den Windows-Einstellungen in den Bereich der „Windows-Sicherheit" (unter „Update und Sicherheit") hinüberwechseln. Schon jetzt sind diverse Firewall-Einstellungen auch von dort aus erreichbar.

System-Backups und Sicherungen

Regelmäßige Backups lassen Sie ruhiger schlafen und geben Sicherheit für den Ernstfall.

Es ist der Albtraum jedes PC-Nutzers: Die Festplatte fängt an zu rattern und versagt schließlich ganz den Dienst. Oder der Rechner lässt sich erst gar nicht mehr hochfahren. Oder ganze Verzeichnisse werden unbeabsichtigt gelöscht. Das Resultat ist jedes Mal das gleiche: Ihre wertvollen Daten sind unwiederbringlich dahin. Hier erfahren Sie, wie Sie sich davor schützen können.

Verschiedene Backupfunktionen

Windows 10 verfügt über diverse Backupfunktionen, die die Installation zusätzlicher Software im Grunde überflüssig machen. Man findet sie in der Systemsteuerung (erreichbar über das Suchfeld) im Bereich „System und Sicherheit" unter der Option „Sicherung des Computers erstellen". Wenn Sie diese zum ersten Mal ausführen oder neue Speichermedien angeschlossen haben, die Sie zur Sicherung nutzen wollen, klicken Sie auf „Sicherung einrichten". Der PC sucht dann selbstständig nach geeigneten Laufwerken und Speichermedien. Wählen Sie unter „Sicherungsziel" den gewünschten Speicherort aus. Das sollte möglichst ein externer Datenträger sein, da Sie ja auch im Falle eines völligen Systemcrashs wieder auf Ihre Systemkonfiguration und Ihre Daten zugreifen wollen. Achten Sie auch darauf, dass der Datenträger groß genug ist, um alles speichern zu können, das heißt, er sollte zumindest über das gleiche Speichervolumen wie die gesamte Computerfestplatte verfügen. Einen Netzwerkspeicher (z.B. einen in Ihr Netzwerk eingebundenen NAS-Server) finden Sie – sofern Sie einen besitzen – unter „In Netzwerk speichern".

Nun erscheint eine Auswahl, in der Sie entscheiden können, ob es Windows überlassen bleiben soll, ein im Notfall wiederherstellbares Systemabbild zu erstellen oder ob sie manuell einzelne Festplattenbereiche (Partitionen) oder Ordner für die Sicherung festlegen wollen. Klicken Sie danach auf „Weiter" und legen Sie fest, wann die Sicherung durchgeführt werden soll. Der Assistent kann Sicherungen nämlich regelmäßig automatisch vornehmen. Schließen Sie die Einstellungen ab, indem Sie auf die Schaltfläche unten rechts klicken. Im Falle eines Datenverlustes können Sie auf Ihre Daten zugreifen und gelöschte, beschädigte oder aus Versehen veränderte Dateien wiederherstellen. Über „System und Sicherheit" und „Sichern und Wiederherstellen" können Sie dann auf ältere Systemkonfigurationen zugreifen oder einzelne Dateien suchen und wiederherstellen.

Eine weitere Sicherungsmöglichkeit ist der „Dateiversionsverlauf", der seit Windows 8 mit an Bord ist. Die Idee dahinter: Windows speichert automatisch ältere Versionen Ihrer Dateien. Geht etwas schief, können Sie sie wiederherstellen. Man muss es jedoch ganz klar so sagen: Diese Funktion ist noch fehlerbehaftet und wenig zuverlässig. Zudem haben Sie nur sehr begrenzt Kontrolle darüber, wann Windows eine Sicherung anlegt und wie lange sie aufbewahrt wird. Für einen wirksamen Schutz vor Datenverlust ist sie deshalb derzeit keinesfalls zu empfehlen! Setzen Sie dagegen besser auf klassische Backup-Methoden, die Sie ebenfalls mit Bordmitteln durchführen können.

Das sollten Sie bei einem Backup beachten

Der Datenträger. Sichern Sie Ihre Daten auf einer externen Festplatte. Nur so haben Sie die Sicherheit, auch bei einem Defekt der internen Festplatte Ihres PCs noch darauf zugreifen zu können. Auch Netzwerk-Festplatten, sogenannte NAS-Laufwerke oder Home Server, sind für Backups sehr gut geeignet. Zudem können Sie darauf auch von unterwegs über das Internet zugreifen. Inzwischen gibt es auch bezahlbare externe SSD-Festplatten, die sich durch große Robustheit auszeichnen.

Das Tool. Irreführenderweise finden Sie die beste Windows-Backup-Funktion unter der Bezeichnung „Windows 7-Dateiwiederherstellung", denn sie wurde bei dieser Windows-Version eingeführt, verrichtet aber auch unter Windows 10 noch zuverlässig ihren Dienst. Geben Sie im Fenster der Systemsteuerung in das Suchfeld oben rechts eine „7" ein, um dorthin zu gelangen.

Die Einrichtung. Klicken Sie rechts auf den Link „Sicherung einrichten". Wurde dieser Prozess schon einmal eingeleitet, können Sie mit „Einstellungen ändern" Änderungen vornehmen. Der Assistent bietet Ihnen alle infrage kommenden Laufwerke an, aus denen Sie nun Ihr Sicherungslaufwerk auswählen.

Die Netzwerksicherung. Wollen Sie Ihre Daten auf einem anderen PC oder einem NAS-Server speichern, klicken Sie auf „In Netzwerk speichern". Geben Sie den Netzwerkpfad zum gewünschten Speicherort sowie die notwendigen Benutzerdaten ein.

Die Dateiauswahl. Statt die Auswahl der zu sichernden Informationen Windows zu überlassen, wählen Sie die Option „Auswahl durch Benutzer" und legen im folgenden Schritt fest, welche Ordner gesichert werden sollen.

Der Zeitplan. Legen Sie nun mit einem Klick auf „Zeitplan ändern" fest, wann und wie oft eine Sicherung durchgeführt werden soll. Klicken Sie danach auf „Einstellungen speichern" und „Sicherung ausführen".

Tipp. Natürlich können Sie Daten auch auf Datenträgern wie etwa DVDs speichern. Denken Sie aber daran, dass jede Sicherung nur dann sinnvoll ist, wenn Sie sie im Ernstfall auch wiederfinden. Datenträger sollte man deshalb nachvollziehbar beschriften.

Wiederherstellungspunkt setzen

Windows legt in regelmäßigen (aber oft nicht ganz nachvollziehbaren) Abständen einen Wiederherstellungspunkt an, den Sie bei der Systemwiederherstellung verwenden können. Wenn Sie sich nicht darauf verlassen möchten, können Sie manuell einen Wiederherstellungspunkt setzen. Das bietet sich z.B. an, wenn Sie das Gefühl haben, dass Ihr System vollständig eingerichtet ist und einwandfrei funktioniert. Aber auch bei größeren Eingriffen ins System, bei denen Sie nicht sicher sind, ob danach noch alles rundläuft, ist das Setzen eines Wiederherstellungspunktes eine gute Idee. Dies ist aber nur eine zusätzliche Sicherheitsmaßnahme und ersetzt nicht das System-Backup.

Erstellen und Verwenden eines Systemreparaturdatenträgers

Wenn nichts mehr geht, Windows nicht mehr startet und Sie keinen Zugriff mehr auf Ihre Dateien haben, ist es zu spät. Besser, Sie bereiten sich frühzeitig auf einen solchen Notfall vor. Wie Sie Sicherungen Ihrer Daten anlegen, haben wir bereits in den vorangegangenen Abschnitten besprochen. Eine weitere vorbeugende Maßnahme ist das seit Windows 7 integrierte Erstellen eines Reparaturdatenträgers. Sie brauchen dazu ein Brennlaufwerk und eine beschreibbare CD oder DVD. Damit haben Sie zumindest eine Chance, Windows beim Auftreten eines schwerwiegenden Fehlers zu reparieren. Bei Hardwaredefekten hilft Ihnen das natürlich nicht weiter. Doch in vielen Fällen ermöglicht Ihnen der Reparaturdatenträger, Schadensbegrenzung zu betreiben.

Tipp. Für die Verwendung der meisten Systemwiederherstellungsoptionen von Windows benötigen Sie einen Windows-Installationsdatenträger oder Zugriff auf die Wiederherstellungsoptionen Ihres Computerherstellers. Bei Komplett-Systemen sind diese häufig in Form eines Recovery-Laufwerks vorhanden, zu denen Ihnen das mitgelieferte Handbuch des Herstellers nähere Auskunft geben sollte. Sind Ihnen all diese Wege verschlossen, können Sie wie in diesem Abschnitt beschrieben einen Systemreparaturdatenträger für den Zugriff auf Systemwiederherstellungsoptionen erstellen.

Erstellung

- Öffnen Sie die Systemsteuerung (Eingabe von „sys" ins Suchfeld) und danach in der Kategorie „System und Sicherheit" den Bereich „Sichern und Wiederherstellen (Windows 7)"
- Klicken Sie links auf „Systemdatenträger erstellen" und wählen Sie im sich öffnenden Fenster das Laufwerk, mit dem Sie den Reparaturdatenträger erstellen möchten. Klicken Sie dann auf „Datenträger erstellen.
- Klicken Sie auf „OK". Beschriften Sie den Datenträger und verwahren Sie ihn an einem sicheren Ort, wo Sie ihn im Notfall wiederfinden.

Es kann sein, dass Sie aufgefordert werden, einen Windows-Installationsdatenträger einzulegen. Die zum Erstellen des Systemreparaturdatenträgers erforderlichen Dateien wurden in diesem Fall nicht auf Ihrem PC gefunden.

Tipp. Über „Start", das „Alle Apps"-Verzeichnis, „Windows-Verwaltungsprogramme" und „Wiederherstellungslaufwerk" können Sie ebenfalls einen Notanker für alle Fälle erstellen.

Verwendung

- Legen Sie den Systemreparaturdatenträger in das CD- oder DVD-Laufwerk ein.
- Starten Sie den Computer neu, indem Sie den Netzschalter des Computers betätigen.
- Während des Startvorgangs („Hochfahren") werden Sie aufgefordert, eine beliebige Taste zu drücken, um den Computer vom Systemreparaturdatenträger aus zu starten.
- Wählen Sie die Spracheinstellungen aus und klicken Sie auf „Weiter".
- Wählen Sie eine Wiederherstellungsoption aus und klicken Sie auf „Weiter".

Achtung! Gelingt das Starten von CD oder DVD nicht, ist das System-BIOS möglicherweise falsch konfiguriert. Informationen dazu finden Sie im Handbuch Ihres Rechners. Um die BIOS-Einstellungen anzupassen, werden Sie bei den meisten Systemen während des Hochfahrens aufgefordert, die Entfernen- bzw. Delete-Taste („Entf" oder „Del") für ein erweitertes Setup zu betätigen. Wenn Sie das im richtigen Moment tun (Sie können die Taste auch während es Hochfahrens gedrückt halten), startet das BIOS. Wählen Sie CD oder DVD als „First Boot Device" aus. Wenn sich ein „bootfähiger" Datenträger (wie ein Windows-Installationsdatenträger oder Ihr Reparaturdatenträger) im Laufwerk befindet, startet Windows von dort. Ansonsten fährt Windows ganz normal von der Festplatte aus hoch. Wollen Sie Windows ganz normal starten, müssen Sie den bootfähigen Datenträger also aus dem Laufwerk entfernen.

Alte Programme zum Laufen bringen

Mithilfe zweier Tricks stehen die Chancen gut, auch ältere Software und Geräte unter Windows 10 zu verwenden.

Der Kompatibilitätsmodus

Was tun, wenn alte Software nicht mehr läuft? Oft hängt man ja an Schätzen wie alten Spielen oder einem Bildbearbeitungsprogramm, an das man sich über die Jahre gewöhnt hat. Programme für Windows 7 oder Windows 8 sollten in den allermeisten Fällen auch noch unter Windows 10 laufen. Mit Software für Vista, XP oder gar Windows 98 wird es schon schwieriger. Unter Umständen bringen Sie Programme, die unter Windows 10 einen Kulturschock erleben, mit dem „Kompatibilitätsmodus" zum Laufen.

Das Ganze funktioniert folgendermaßen: Suchen Sie das betreffende Programm im Explorer (siehe ► Seite 99f). Den Ordner, der das Programm enthält, öffnen Sie per Doppelklick und wählen unter all den Einträgen die eigentliche Anwendung. Sie trägt in den meisten Fällen schlicht den Namen des Programms, in der Spalte „Typ" steht „Anwendung". Klicken Sie mit der rechten Maustaste darauf. Gehen Sie zu „Eigenschaften" und klicken Sie mit links darauf. Wählen Sie das Register „Kompatibilität" aus. Setzen Sie ein Häkchen vor „Im Kompatibilitätsmodus ausführen für" und wählen Sie über die Auswahl darunter das Betriebssystem aus, unter dem das Programm vorher problemlos gelaufen ist. Klicken Sie auf „OK". Wenn Sie das betreffende Programm das nächste Mal starten, läuft es im Kompatibilitätsmodus. Windows gaukelt der widerspenstigen Software einfach vor, es handle sich um eine ältere Version.

Ist das Problem die Installation selbst, wird es etwas kniffliger. Suchen Sie auf dem Datenträger (ebenfalls über den Explorer) die Datei, die für die Installation zuständig ist (z.B. „Setup.exe") oder setzen Sie im Zweifel gleich alle Dateien mit der Endung „exe" wie oben beschrieben in den Kompatibilitätsmodus. Versuchen Sie dann, das Programm erneut zu installieren. Leider gibt es keine Garantie, dass die Software danach auch wirklich läuft. Aber immerhin haben Ihre bewährten Programme so noch eine Chance, auch unter dem neuen Betriebssystem erhalten zu bleiben.

XP-Programme unter Windows 10

Eine sogenannte virtuelle Maschine, die als unabhängiges System auf Ihrem Computer eingerichtet wird, kann das Weiterleben von unverzichtbaren Windows XP-Programmen sicherstellen – und das sogar kostenlos. Gehen Sie folgendermaßen vor:

- Laden Sie auf www.vmlite.com die unter „Download" verfügbare Datei „VMLiteWorkstationSetup.exe".
- Holen Sie sich von einem der gängigen Freeware-Anbieter, wie z.B. chip.de (www.chip.de/downloads/XP-Modus-fuerWindows-7_37537390.html), den XP-Modus für Windows 7. Lassen Sie sich nicht davon irritieren, dass im Programmnamen explizit Windows 7 genannt ist.
- Starten Sie durch Doppelklick auf die VMLite-Datei die Installation. In deren weiterer Folge müssen Sie auch der Installation von Gerätesoftware (Treiber) zustimmen, damit später alles reibungslos läuft.
- Sobald die Installation der virtuellen Maschine abgeschlossen ist, erscheint ein weiteres Fenster. Hier suchen Sie unter „Specify the path of the XP mode package or a virtual disk file" den Speicherort der XP-Modus-Datei, markieren diese mittels Rechtsklick und klicken auf „Öffnen" und „Next".
- Während des Installationsvorgangs müssen Sie lediglich ein Administratorpasswort Ihrer Wahl eingeben sowie die Größe des Arbeitsspeichers und die Anzahl der virtuellen Prozessorkerne (CPUs), die Sie dem Gastbetriebssystem zugestehen, definieren. An sich genügen für die meisten XP-Programme 512 MB, maximal 2048 MB sollten Sie XP zunächst einmal zugestehen. Die CPU-Einstellungen belassen Sie auf 1.

- Deaktivieren Sie im nächsten Fenster die automatischen Updates, denn XP wird ohnehin nicht mehr damit versorgt und sollte aus Sicherheitsgründen möglichst keinen Kontakt zum Internet aufnehmen.
- Schließlich sehen Sie – wenn auch (noch) nicht bildschirmfüllend – den bekannten XP-Desktop vor sich. Klicken Sie in der Menüleiste der virtuellen Maschine auf „Geräte/Gasterweiterungen installieren". Diese bewirken nicht zuletzt, dass XP in den Vollbildmodus im 16:9-Format wechselt. Allfällige Warnmeldungen zu Sicherheitsbedenken sowie Hinweise, dass sich XP nicht auf dem aktuellen Stand befindet, ignorieren Sie bitte.
- Nun ist XP einsatzbereit, Sie können wie gewohnt Programme installieren und über den Explorer unter „host/C/Users/(Benutzername)" auf Dateien zugreifen, die auf dem Gastsystem abgespeichert sind. Möchten Sie Software aus dem Internet unter XP installieren, dann nehmen Sie aus Sicherheitsgründen unbedingt diesen Umweg, d.h. Download unter Windows 10 und dann erst über den Windows-Explorer von XP auf die Installationsdatei zugreifen. Am besten deaktivieren Sie unter XP die automatisch über den Host eingerichtete Internetverbindung: „Start/Systemsteuerung/Netzwerk- und Internetverbindungen/Netzwerkverbindungen/(Rechtsklick auf LAN-Verbindung)/Deaktivieren".
- Vor dem Beenden der virtuellen Maschine fahren Sie XP wie üblich herunter. Möchten Sie es starten, öffnen Sie zunächst die VMLite Workstation und klicken auf den grünen Pfeil. In der VMLite Workstation finden Sie eine Übersicht über das Gastsystem sowie alle Einstellungsmöglichkeiten. Klicken Sie dazu auf die blauen Überschriften. XP muss währenddessen ausgeschaltet sein.
- Das reibungslose Funktionieren einer virtuellen Maschine bzw. eines Gastsystems hängt immer auch von der Hardware des Computers ab. Sollte sich herausstellen,

dass XP träge reagiert, können Sie jedenfalls versuchen, in der VMLite Workstation unter „System/Hauptplatine" den Speicher von 2048 auf 4096 MB zu erhöhen.

- Nur wenn Sie computertechnisch bewandert sind – und Ihr Computer dies überhaupt unterstützt –, können Sie außerdem unter „System/Beschleunigung" die „Hardware-Virtualisierung" aktivieren und somit die Rechenprozesse beschleunigen. Bevor Sie in der VMLite Workstation bei VT-x/AMD-V (die Virtualisierungslösungen der beiden Chiphersteller Intel und AMD) den Haken setzen, müssen Sie allerdings eine entsprechende Einstellungsänderung im BIOS Ihres Computers vornehmen. In unserem Fall handelte es sich um ein HP ProBook mit Intel-Prozessor. Zur VT-x-Aktivierung gelangt man hier während des Neustarts über „ESC/BIOS Setup/Update System BIOS/ Advanced/Device Configurations" – dies ist jedoch von Hersteller zu Hersteller und von Gerät zu Gerät unterschiedlich.
- Nach dem Speichern der Änderungen im BIOS und dem anschließenden Hochfahren des Computers können Sie in der VMLite Workstation die Hardware-Virtualisierung aktivieren und unter „System/Prozessor" die Anzahl der virtuellen Prozessorkerne auf 2 oder auch auf 4 erhöhen. In der Folge können Sie ja ausprobieren, in welcher Kombination von Speicher- und Prozessoreinstellungen Ihre XP-Programme am flüssigsten laufen.

PC-Probleme aufspüren und beheben

Mithilfe der integrierten Werkzeuge können Sie manchen Problemen selbst auf die Spur kommen.

Verhält sich Ihr Windows-10-PC nicht so, wie Sie es sich vorstellen? Möglicherweise liegt ein internes Problem vor. Um dem auf die Spur zu kommen, klicken Sie auf den Start-Button und rufen mittels Eingabe von „sys“ die Systemsteuerung auf. Geben Sie rechts oben in das Suchfeld das Wort „Problem“ ein. Windows zeigt Ihnen nun eine Übersicht von Optionen, die Ihnen bei der Behebung von Problemen helfen können. Hilfreich ist auch die Kategorie „Problembehandlung“. Klicken Sie darauf und danach links auf „Alles anzeigen“. Klicken Sie auf „Systemwartung“ und folgen Sie den Anweisungen auf dem Bildschirm, um Ihr System auf Fehler hin zu überprüfen.

Der Task-Manager

Wenn es beim Fahrrad nicht rundläuft oder etwas klemmt, benutzt man einen Rostlöser. Am PC gibt es dafür den „Task-Manager“. Gestartet wird das in allen Windows-Versionen vorhandene Werkzeug mit der Tastenkombination Strg + Alt + Entf oder einem Rechtsklick auf die Taskleiste am unteren Bildschirmrand. In beiden Fällen wählt man danach die Option „Task-Manager“ aus. Im Register „Autostart“ (unter Windows 7 hieß es noch „Systemstart“) sind all jene Anwendungen verzeichnet, die beim Hochfahren des Rechners ohne Zutun des Nutzers aktiviert werden. Das sind eine ganze Menge, denn sie werden beim Installieren vieler Programme einfach ungefragt auf die „Autostart“-Liste gesetzt. Die Folge: Der PC braucht merklich länger zum Starten. Da man die wenigsten davon wirklich braucht, kann man sie einfach deaktivieren. Dazu klickt man die betreffenden Einträge an und klickt unten rechts auf „Deaktivieren“. Die Maßnahme greift beim nächsten Hochfahren und hat keine Auswirkungen auf die Startfähigkeit. Die Programme lassen sich bei Bedarf weiterhin manuell starten, was lediglich etwas länger dauern kann. Auch erscheinen die Programm-Symbole nicht mehr in der Task-Leiste, Updates müssen manuell gestartet werden. Zur Not lässt sich das Ganze einfach wieder rückgängig machen, indem man die Programme unter „Autostart" wieder aktiviert.

Hilfreich ist der Task-Manager auch dann, wenn ein Programm „einfriert" und sich nicht mehr beenden lässt. Dann geht man ins Register „Anwendungen" oder „Prozesse", klickt mit rechts auf den betreffenden Eintrag und wählt „Task beenden". Am gleichen Ort kann man auch sehr gut beobachten, welche Apps und Programme die meisten Systemressourcen verbrauchen. Überraschend mag es für den einen oder anderen Nutzer sein, wie viel Arbeitsspeicher manche Programme in Anspruch nehmen. Das sollte einen nun aber nicht verleiten, gleich „Task beenden" anzuklicken. Denn dadurch wird die Anwendung sofort gestoppt, und es gehen unter Umständen Daten verloren. Man kann auf diesem Weg aber sehr gut Systembremsen identifizieren und sie, falls man sie nicht wirklich braucht, endgültig von der Festplatte verbannen.

Mithilfe des Task-Managers werden Sie möglicherweise feststellen, dass Internet-Browser, die man ja meist nebenbei laufen lässt, leistungshungriger sind, als man sich das gemeinhin vorstellt. Lassen Sie versuchsweise mehrere alternative Browser nebeneinander laufen, um zu sehen, wer mehr Hardwareleistung in Anspruch nimmt. Wenn Sie kurzfristig mehr Ressourcen benötigen, klicken Sie einen Eintrag, der viel Leistungsreserven beansprucht an und danach unten auf „Task beenden".

Im Register „Leistung" wird für die wichtigsten Systemkomponenten aufgeführt, wie stark sie gerade ausgelastet sind. Das dient Ihrer Information und hilft Ihnen, Engpässe zu entdecken. Rangiert beispielsweise Ihr Arbeitsspeicher immer im oberen Bereich der Auslastung, ist es unter Umständen an der Zeit, ihn mit größeren oder zusätzlichen Speichermodulen zu erweitern. Noch genauere Angaben liefert Ihnen der „Ressourcenmonitor" (siehe unten), den Sie über den Link ganz unten aufrufen können.

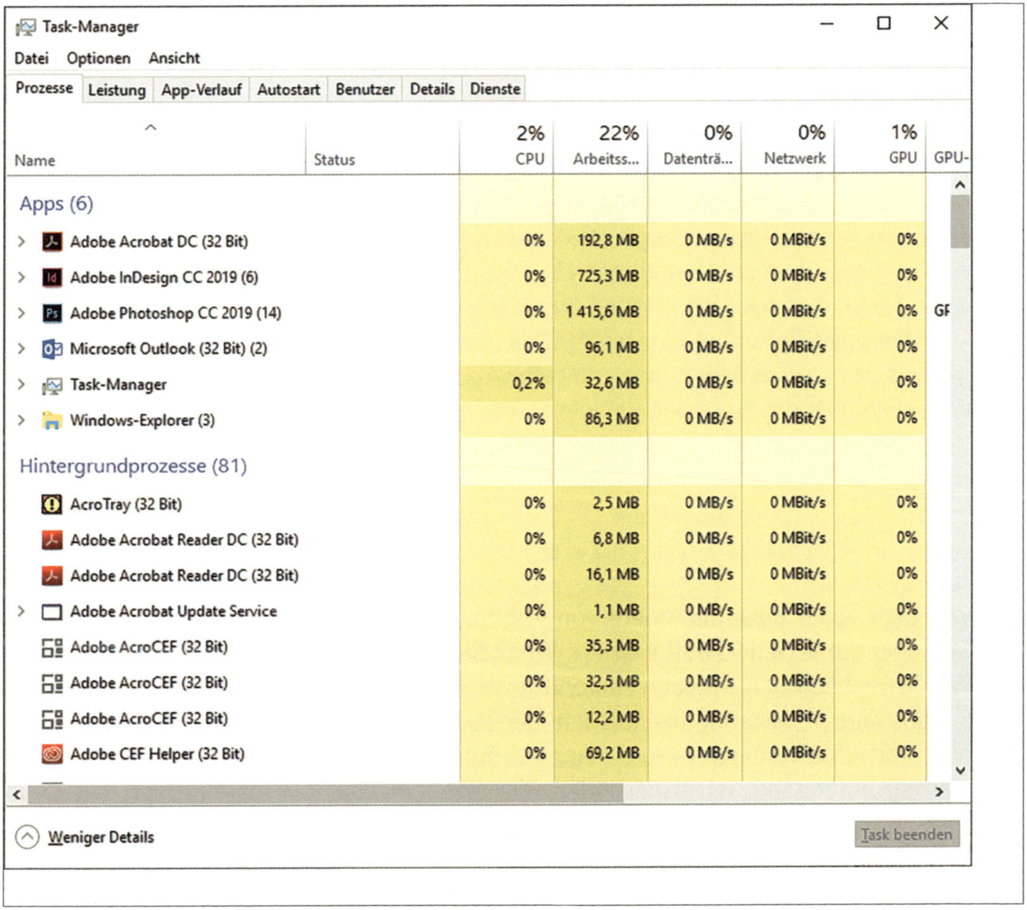
Task-Manager
Datei Optionen Ansicht
Prozesse Leistung App-Verlauf Autostart Benutzer Details Dienste
Name Status 2% CPU 22% Arbeitss... 0% Datenträ... 0% Netzwerk 1% GPU GPU-
Apps (6)
Adobe Acrobat DC (32 Bit) 0% 192,8 MB 0 MB/s 0 MBit/s 0%
Adobe InDesign CC 2019 (6) 0% 725,3 MB 0 MB/s 0 MBit/s 0%
Adobe Photoshop CC 2019 (14) 0% 1 415,6 MB 0 MB/s 0 MBit/s 0% GF
Microsoft Outlook (32 Bit) (2) 0% 96,1 MB 0 MB/s 0 MBit/s 0%
Task-Manager 0,2% 32,6 MB 0 MB/s 0 MBit/s 0%
Windows-Explorer (3) 0% 86,3 MB 0 MB/s 0 MBit/s 0%
Hintergrundprozesse (81)
AcroTray (32 Bit) 0% 2,5 MB 0 MB/s 0 MBit/s 0%
Adobe Acrobat Reader DC (32 Bit) 0% 6,8 MB 0 MB/s 0 MBit/s 0%
Adobe Acrobat Reader DC (32 Bit) 0% 16,1 MB 0 MB/s 0 MBit/s 0%
Adobe Acrobat Update Service 0% 1,1 MB 0 MB/s 0 MBit/s 0%
Adobe AcroCEF (32 Bit) 0% 35,3 MB 0 MB/s 0 MBit/s 0%
Adobe AcroCEF (32 Bit) 0% 32,5 MB 0 MB/s 0 MBit/s 0%
Adobe AcroCEF (32 Bit) 0% 12,2 MB 0 MB/s 0 MBit/s 0%
Adobe CEF Helper (32 Bit) 0% 69,2 MB 0 MB/s 0 MBit/s 0%
Weniger Details
Task beenden

„Dienste" wiederum sind Prozesse, die automatisch gestartet werden und im Hintergrund ablaufen, während Sie an Ihrem PC arbeiten. Viele der Dienste gehören zu Windows, es gibt aber auch solche, die mit installierten Programmen verknüpft sind. Sie können z.B. dazu dienen, diese Programme automatisch auf dem neuesten Stand zu halten. Klicken Sie auf den Link „Dienste öffnen", um einzelne Dienste zu beenden oder neu zu starten. Das sollten Sie allerdings nur tun, wenn Sie sich schon etwas besser auskennen, denn durch das Ausschalten wichtiger Dienste können Sie die Systemstabilität insgesamt beeinträchtigen. Nähere Informationen zu einzelnen Diensten finden Sie auch im Internet, wenn Sie die Bezeichnung in eine Suchmaschine eingeben.

Interessante Informationen bietet schließlich auch der „App-Verlauf". Hier können Sie genau sehen, wie viel Rechenzeit einzelne Apps in Anspruch genommen haben und wie viel Daten über das Netzwerk geladen wurden.

Der Ressourcenmonitor

Wie man einen Blick ins Innere von Windows wirft, wurde bereits oben beim Task-Manager auf ► Seite 209ff erörtert. Wenn Sie es noch genauer wissen wollen, bietet Windows Ihnen den Ressourcenmonitor als Werkzeug an. Um ihn aufzurufen, geben Sie das Kürzel „resmon" ins Suchfeld der Taskleiste ein. Dazu müssen Sie über Administratorrechte verfügen (also die App eventuell per Rechtsklick oder Passworteingabe starten). Interessant ist insbesondere die Anzeige unter „Dienste". Denn wie beim Task-Manager erläutert, werden viele davon beim Systemstart automatisch mitgestartet – ob das nun sinnvoll ist oder nicht. Klicken Sie mit rechts auf einen Dienst, von dem Sie glauben, dass Sie ihn nicht brauchen, und wählen Sie „Beenden" im Kontextmenü.

Sie sollten das aber keinesfalls während einer Arbeitssitzung tun, denn sonst könnte ein Datenverlust die Folge sein!

Das Systemdatei-Überprüfungsprogramm

Wenn der Explorer (siehe ► Seite 99f) den Dienst versagt, steht man vor echten Problemen. Ordner lassen sich nicht mehr ohne weiteres verschieben, das Aufrufen des Kontextmenüs führt zu unerwartetem Schließen. Zunächst sollten Sie einen Schädlingsbefall ausschließen. Führen Sie dazu eine Komplettüberprüfung mit dem Virenscanner Ihrer Wahl durch. Machen Sie vorsichtshalber einen zusätzlichen Check mit einem kostenlosen Diagnose-Programm wie etwa „Malwarebytes Anti-Malware" (Download unter http://de.malwarebytes.org). Danach sollten Sie testen, ob ein Treiberproblem vorliegt. Gehen Sie über die Systemsteuerung zum Geräte-Manager und doppelklicken Sie auf den Eintrag für Ihre Grafikkarte. Im Register „Treiber" klicken Sie auf „Treiber aktualisieren".

Führt das nicht zum Erfolg, kommt das Systemdatei-Überprüfungsprogramm zum Einsatz, das dazu da ist, Ihren PC auf fehlende oder beschädigte Dateien hin zu untersuchen. Klicken Sie zuerst unten links auf „Start" (Windows-Symbol) und geben Sie „cmd" in das Suchfeld ein. In den Ergebnissen klicken Sie mit der rechten Maustaste auf „cmd.exe" und wählen Sie im Kontextmenü „Als Administrator ausführen". Unter Umständen müssen Sie nun noch das Kennwort für das Administratorkonto eingeben. In dem schwarzen Fenster, das nun erscheinen sollte, geben Sie in der Befehlszeile „Sfc/scannow" ein und drücken die „Return"-Taste. Auch ein defekter Arbeitsspeicher (RAM) kommt als Fehlerquelle in Betracht. Verwenden Sie zum Überprüfen das Windows-Speicherdiagnosetool, indem Sie erneut auf „Start" klicken und „Speicherdiagnose" eingeben. Wählen Sie „Jetzt neu starten und überprüfen (empfohlen)". In den meisten Fällen sollte das Problem jetzt behoben sein. Viel Aufwand, aber immer noch besser, als eine Wiederherstellung oder gar Neuinstallation durchzuführen.

Tipp. Windows steckt voller nützlicher Werkzeuge und stetig kommen neue hinzu. Klicken Sie auf Start und blättern Sie im Verzeichnis aller installierter Apps zu „Windows". Unter „Windows-System", „Windows-Verwaltungsprogramme" und „Windows-Zubehör" werden Sie ganz sicher fündig.

Windows 10 reparieren, zurücksetzen oder neu installieren

Wenn Windows ernsthafte Probleme macht, können Sie versuchen, mit den internen Wiederherstellungsoptionen zu retten, was zu retten ist. Unter Umständen erspart Ihnen das eine aufwändige und zeitraubende Neuinstallation – oder den teuren Gang zum Fachhändler. Früher verwendete man dazu den Installationsdatenträger. Da Windows 10 jedoch nur noch in Ausnahmefällen auf einer DVD ausgeliefert wird, stellt sich die Frage, wie man das System ohne Datenträger „auffrischen" oder wiederherstellen kann.

Gehen Sie dazu über „Einstellungen" zu „Update und Sicherheit" und klicken Sie dann links auf „Wiederherstellung". Unter „Diesen PC zurücksetzen" klicken Sie auf das wohl aufmunternd gemeinte „Los geht's". Sie haben nun zwei Möglichkeiten:

- **Windows 10 auffrischen.** Dadurch wird das Betriebssystem komplett neu installiert, Ihre persönlichen Daten wie Fotos und Dokumente bleiben aber

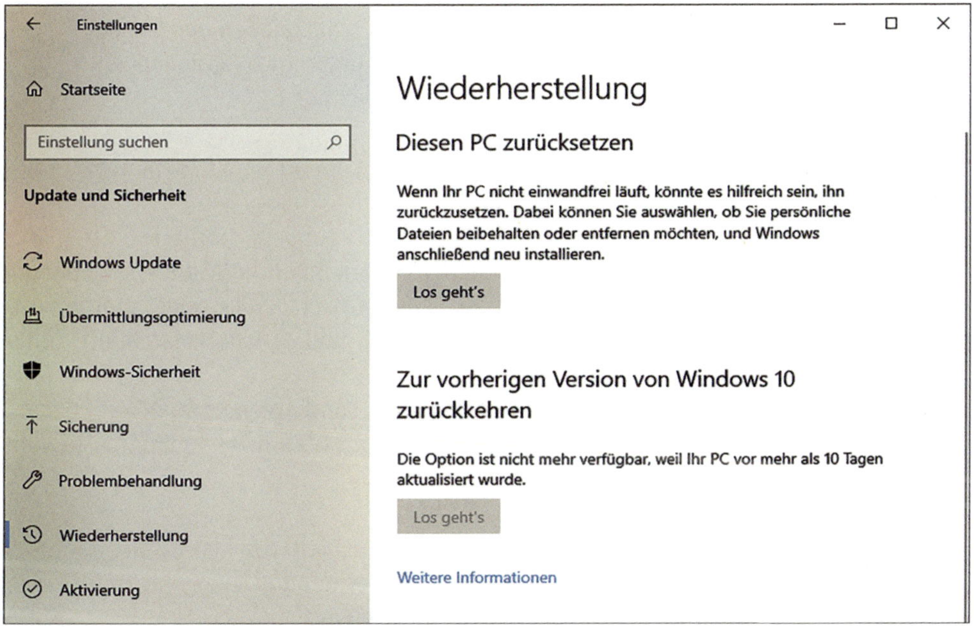

auf dem Computer erhalten. Wenn Sie diese Option wählen wollen, klicken Sie auf die Schaltfläche „Eigene Dateien beibehalten".

- **Windows 10 neu installieren.** In diesem Fall werden alle Ihre persönlichen Daten, Apps und Einstellungen gelöscht. Sie sollten also auf jeden Fall eine Sicherung Ihrer Daten vornehmen, da diese sonst unrettbar verloren sind. Klicken Sie dann auf die Schaltfläche „Alles entfernen". Anschließend haben Sie die Wahl, ob Sie Windows sicher oder normal installieren möchten. Bei der sicheren Methode werden alle Daten gründlich überschrieben und lassen sich selbst von Experten nur schwer reproduzieren. Der Vorgang kann jedoch mehrere Stunden in Anspruch nehmen und lohnt meist nicht.

Achtung! Beide Optionen werden Ihnen nur angezeigt, wenn Sie als Administrator angemeldet sind.

Wenn Sie, wie im Kapitel „System-Backups und Sicherungen" (siehe ► Seite 193ff) beschrieben, ein komplettes Systemabbild erstellt haben, können Sie Windows mit dessen Hilfe wiederherstellen. Schließen Sie dazu das USB-Laufwerk (Stick oder externe Festplatte) an und klicken Sie unter „Update und Sicherheit" und „Wiederherstellung" unter „Erweiterter Start" auf „Jetzt neu starten".

Wenn Sie Windows nicht komplett neu installieren, sondern einen früheren Zustand des PCs wiederherstellen wollen, als das System noch reibungslos funktionierte, hilft Ihnen die Systemwiederherstellung weiter.

- Öffnen Sie die Systemsteuerung durch Eingabe ins Suchfeld der Taskleiste.
- In der Kategorie „System und Sicherheit" und „Sicherheit und Wartung" finden Sie unten rechts die „Wiederherstellung".
- Wählen Sie die Option „Systemwiederherstellung öffnen". Das kann einige Sekunden dauern.
- Entscheiden Sie sich nun für einen der angezeigten Punkte und starten Sie den Vorgang (zum Thema Wiederherstellungspunkte siehe auch ► Seite 198).

Service

Stichwortverzeichnis

100 Computer-Tipps, Teil 1, 2. Auflage

Wer sich näher mit dem Computer befasst, stößt auf Funktionen, die Wege abkürzen oder neue Möglichkeiten eröffnen. Am ehesten bekannt ist, dass es für viele Bedienschritte eine einfache Tastenkombination gibt. Aber wer kennt sie schon alle? Noch weniger geläufig ist, wie man in den Office-Programmen von Microsoft zu den Sonderzeichen gelangt, Bilder und kopierten Text einfügt oder E-Mails sicherer macht. Das Verwenden von Suchmaschinen scheint keine Hexerei. Doch was gibt man ein, damit man tatsächlich findet, was man sucht? Wie kontrolliert man, welche Daten Google über einen sammelt? Und welche kostenlose Software bietet profimäßige Zusatzfunktionen? Wir haben 100 nützliche Tipps für den Computer-Alltag zusammengestellt und über 90 der wichtigsten Begriffe aus der Computerwelt verständlich erklärt. So können Sie ein Stück in die Geheimnisse des „unbekannten Wesens" Computer eintauchen.

Flexcover, 152 Seiten, € 19,90
ISBN 978-3-99013-081-0
www.konsument.at/100computertipps